[...]h dem Aquarell von F. Köhler.

mandelbaum *verlag*

Ingrid Haslinger

TAFELSPITZ & FLEDERMAUS

Die Wiener Rindfleischküche

mandelbaum *verlag*

www.mandelbaum.at

ISBN 978-3-85476-465-6

2. Auflage 2015

Lektorat: Inge Fasan
Satz & Umschlaggestaltung: Michael Baiculescu
Umschlagbild: Linda Wolfsgruber
Druck: Interpress, Budapest

INHALTSVERZEICHNIS

»Gekochtes Rindfleisch ist die Seele der Wiener Küche.«
(Joseph Wechsberg, 1907–1983)

Gekochtes Rindfleisch und Rindsuppe: Bei diesen Spezialitäten der Wiener Küche ist es müßig zu fragen, was zuerst da war – so wie beim sprichwörtlichen Huhn und dem Ei. Suppe und gekochtes Fleisch haben eine lange Geschichte, aber die perfekte Ausformung mit einer unüberschaubaren Anzahl von Suppeneinlagen und Zuspeisen zum Rindfleisch (Soßen, Gemüse) erfolgte erst während der Hochblüte der Wiener Küche im 19. Jahrhundert. Allerdings ist die Bezeichnung »Tafelspitz« ganz generell für gekochtes Rindfleisch ein Phänomen der heutigen Zeit: In Wirklichkeit ist der Tafelspitz nur eines von vielen Fleischstücken des Rindes, die sich zum Kochen eignen, und in den Kochbüchern der alten Donaumonarchie finden sich viele Rezepte für gekochtes Rindfleisch. Dem individuellen Geschmack war es überlassen, welches Stück man vorzog.

Die Rindsuppe wurde zur Tafelsuppe schlechthin, wie bereits Anna Dorn 1886 in ihrem *Musterkochbuch* mit unverhohlenem Standesbewußtsein bemerkte: »Den Hauptbestandtheil einer jeden guten Fleischsuppe, sie sei auch noch so zusammengesetzt, liefert stets das Rindfleisch […] Der Brühe von Schöpsen- und Schweinfleisch bedient man sich bei uns wohl nie in bessern Häusern als Suppe.«

Das gekochte Rindfleisch hatte sich in Wien zu einer solchen Selbstverständlichkeit entwickelt, daß man es nicht einmal verurteilten Verbrechern vorenthielt. Als der bekannte Mörder Severin Jaroszynski am 30. August 1827 bei der Spinnerin am Kreuz (im heutigen 10. Wiener Gemeindebezirk) hingerichtet werden sollte, erhielt er tags zuvor seine Henkersmahlzeit. Sie bestand aus mehreren Gängen, unter anderem aus einer Lungenstrudelsuppe und gekochtem Rindfleisch mit zwei Soßen.

Der Wiener Schriftsteller und Rindfleischliebhaber Eduard Pötzl erklärte Anfang des 20. Jahrhunderts in einem Reiseführer für Touristen in einfachen Worten die große Vorliebe der Wiener: »Die breiten Volksschichten in Wien […] leben insgemein frugaler als sonstwo […] Nur daß der echte Wiener darauf hält, auch die einfachste Speise wohlschmeckend zuzubereiten, dafür ist z. B. sein ihm nicht minder oft vorgeworfenes Rindfleisch der nächstliegende Beweis. Nirgends auf der Welt will man gesottenes Rindfleisch essen. Aus gutem Grunde, weil man es eben nicht zubereiten kann. In Wien versteht man es so vorzüglich herzustellen, daß fast jeder Fremde entzückt ist, wenn er zum erstenmal davon kostet. […] Während anderwärts auf eine größere Zahl von Gerichten Wert gelegt wird, ist dem Wiener diese langwierige Art des Essens verhaßt. Er bleibt bei seiner eingekochten [mit Einlage versehenen] Suppe, seinem Rindfleisch mit Gemüse und seiner Mehlspeise jahraus, jahrein.«

Im 20. Jahrhundert bemühte sich vor allem Küchenchef Franz Ruhm um den Fortbestand und die Pflege der Wiener Küche. Seiner Meinung über Rindsuppe und gekochtes Rindfleisch ist nichts hinzuzufügen: »Die Rindsuppe dominiert in der Wiener Küche an erster Stelle und kommt ihr eine Bedeutung zu, wie dies in anderen Küchen kaum der Fall ist. Richtig gekocht, verdient sie auch die Wertschätzung und man soll sich an ihrer Pflege etwas angelegen sein lassen. […] Sollte die Rindsuppe zu fett sein, schöpft man sie etwas ab, läßt aber soviel vom Eigenfett in der Suppe, um ihr die dem Wiener besonders teuren Fettaugen zu erhalten […] Die Verschiedenart der einzelnen Fleischstücke des Rindes lassen eine ungeahnte Auswahl in bezug auf fettes, mageres, weiches oder resches Rindfleisch zu. Wer fettes oder durchwachsenes Fleisch liebt, besorgt sich zum Kochen Kruspelspitz, Kavalierspitz, Rieddeckel, Hüferschwanzel, hohe oder gestutzte Rippe, Palissade, Brust oder Kügerl. Saftig mageres Fleisch ergeben vor allem der Tafelspitz, die Schulter, bis zu einem gewissen Grade das schwarze Scherzl, auch Bröselfleisch genannt. Trockenes Fleisch liefern das Ortscherzl oder Schwanzl, sowie das weiße Scherzl. Rindfleisch minderer Gattung bekommt man vom Drüstel, Riedhüfel, sehr weiches vom Ausgelösten.«

Der Zweite Weltkrieg brachte eine fundamentale Änderung der Wiener Küche: Sie wurde auf ein Minimum reduziert, schließlich gab es kaum mehr Fleisch. Nach dem Kriegsende stand die Grundversorgung der Bevölkerung im Vordergrund, Quantität hatte Vorrang vor Qualität. Eine förmliche »Freßwelle« setzte ein, denn viele Leute wollten sich nach Jahren des Mangels endlich satt essen. Auch die seit Beginn des 20. Jahrhunderts entwickelten künstlichen oder vorgefertigten Lebensmittel blieben im Angebot und fanden noch mehr Verbreitung. Die »Packerlsuppe« verdrängte schließlich die aufwendigere und teurere Rindsuppe und ohne Rindsuppe verschwand auch das gekochte Rindfleisch. Die Kochbücher der Nachkriegszeit forcierten das billigere Schweinefleisch, das in den bürgerlichen Kochbüchern der Wiener Küche nur in Form von Speck, Schmalz, Schinken und Spanferkel vorkommt.

Das vorliegende Buch bringt eine große Anzahl von Zitaten aus der Wiener Küchen- und Kochbuchliteratur. Die interessierten Leserinnen und Leser mögen dies nachsehen, denn nur durch den Originalwortlaut – sei er aus dem 17., 18., 19. oder 20. Jahrhundert – ist es möglich, heute die ungewöhnliche Beziehung der Wienerinnen und Wiener zu *ihrem* gekochten Rindfleisch annähernd nachzuvollziehen. Selbst die Sprichwortkultur des Österreichischen wurde durch Rindfleisch und Rindsuppe bereichert: So kann jemand, der sich gerne einmischt, »überall seinen Kren dazugeben«, und eine Person, die sich gerne unentbehrlich macht, ist »der Schnittlauch auf jeder Suppe«. Darüber hinaus bedeutete »zwischen Suppe und Rindfleisch« etwas, das der Ausführende schlampig und ungenau gemacht hatte.

Die Rezepte für Soßen, Beilagen und Suppeneinlagen sind Originalrezepte aus den im Literaturverzeichnis angeführten Kochbüchern, sie wurden – aus historischen Gründen – weder vereinfacht noch sogenannten »modernen« Ernährungsgepflogenheiten angepaßt. Einige Rezepte wurden mir von Herrn Ewald Plachutta und Herrn Hermann Richetzky zur Verfügung gestellt. Da es sich um eine Kulturgeschichte mit beigeschlossenen Rezepten handelt und nicht um ein Kochbuch im landläufigen Sinn, sind bei der Zubereitung der Gerichte Grundkenntnisse im Kochen erforderlich. Da bei den Zitaten auf die alten Originale zurückgegriffen wurde, kann es ohne weiteres vorkommen, daß manche Bezeichnungen der Fleischteile des Rindes mit den heutigen nicht übereinstimmen. Im Kapitel *Rindfleisch-Rezepte* ist die Anordnung der Speisen nicht in alphabetischer Reihenfolge erfolgt, sondern nach Bekanntheit und Bedeutung der Gerichte.

Die Fleischteile sowie die Suppeneinlagen für die meisten Photos wurden von Hermine und Michael Weisshappel zubereitet. Ihrem Einsatz sowie der selbstlosen Hilfe von Herrn Mag. Harald Schmid verdanke ich das Zustandekommen des vorliegenden Buchs.

Ingrid Haslinger, im März 2015

DANK

Die Autorin dankt folgenden Personen besonders herzlich für ihre Unterstützung:

Dr. Gerda Barth
Christian Binder, *Hotel König von Ungarn*, Wien
Christof Czerwenka, Gourmet und Liebhaber von gekochtem Rindfleisch, Wien
Hans Eckel, Inhaber des *Restaurant Eckel,* Wien †
Prof. Ernst Faseth, Küchenchef i. R., Wien
Roman Keller, Chefkoch, *Schweizerhaus,* Wien
Christine Koza, *Hotel Sacher,* Wien
Pedro Masana, Inhaber von *Pedro's Landhaus*, Kasten (NÖ)
Ewald Plachutta, *Hietzinger Bräu*, Wien
Werner Renner, Restaurantbesitzer, Wien
Hermann Richetzky (ehemals Koch im *Meissl & Schadn*), Wien †
Franz-Karl Ruhm, Perchtoldsdorf
Mag. Harald Schmid, Lilienfeld
Dipl. Ing. Rudolf Stückler, AMA Wien
Hermine und Michael Weisshappel

DAS GEKOCHTE RINDFLEISCH

Die österreichischen und ungarischen Ochsen

Joseph Roth setzte in seinem *Radetzkymarsch* dem gekochten Rindfleisch ein Denkmal. Aus dem folgenden Zitat wird allerdings auch ersichtlich, wie heikel die Wiener sein konnten, wenn es um *ihr* Rindfleisch ging: »Nach der Suppe trug man den garnierten Tafelspitz auf, das Sonntagsgericht des Alten seit unzähligen Jahren. Die wohlgefällige Betrachtung, die er dieser Speise widmete, nahm längere Zeit in Anspruch als die halbe Mahlzeit. Das Auge des Bezirkshauptmanns liebkoste zuerst den zarten Speckrand, der das kolossale Stück Fleisch umsäumte, dann die einzelnen Tellerchen, auf denen die Gemüse gebettet waren, die violett schimmernden Rüben, den sattgrünen ersten Spinat, den fröhlichen hellen Salat, das herbe Weiß des Meerrettichs, das tadellose Oval der jungen Kartoffeln, die in schmelzender Butter schwammen und an zierliche Spielzeuge erinnerten [...] Er machte sich nun, wie jeden Sonntag daran, den Spitz zu zerschneiden. Er stieß die Manschette in die Ärmel, hob beide Hände, und indem er Messer und Gabel an das Fleisch ansetzte, begann er, zu Fräulein Hirschwitz gewendet: ›Sehn Sie, meine Gnädige, es genügt nicht, beim Fleischer ein zartes Stück zu verlangen. Man muß darauf achten, in welcher Art es geschnitten ist. Ich meine, Querschnitt oder Längsschnitt. Die Fleischer verstehen heutzutage ihr Handwerk nicht mehr. Das feinste Fleisch ist verdorben, nur durch einen falschen Schnitt. Sehen Sie her, Gnädigste! Ich kann es kaum noch retten, es zerfällt in Faser, es zerflattert geradezu. Als Ganzes kann man's wohl mürbe nennen. Aber die einzelnen Stückchen werden wohl zäh sein, wie Sie bald sehen werden. Was aber die Beilagen, wie es die Reichsdeutschen nennen, betrifft, so wünsche ich ein anderes Mal den Kren [...] etwas trockener. Er darf die Würze nicht in der Milch verlieren. Auch muß er, knapp bevor er zum Tisch kommt, angerichtet werden. Zu lange naß gewesen. Ein Fehler!‹«

In dieselbe Kerbe schlug Joseph Wechsberg, der sich in seinem Buch *Forelle blau und schwarze Trüffeln* an seine kulinarischen Lehrjahre erinnert. Er selbst entstammte einer gutbürgerlichen jüdischen Bankiersfamilie in Mährisch-Ostrau und blickte auf eine rindfleischgeprägte Eßkultur innerhalb der Familie zurück. Montags, dienstags, mittwochs und donnerstags gab es zu Mittag immer klare Rindsuppe und anschließend gekochtes Rindfleisch mit Gemüse oder Soßen. Über den Rindfleischtempel Wiens, das Restaurant *Meissl & Schadn* am Neuen Markt, berichtete Wechsberg: In der Küche des renommierten Restaurants war ein fataler Fehler passiert. Ein gewisser Hofrat von B. bestellte dort wie schon seit Dezennien seinen heißgeliebten Tafelspitz. Es kam das Essen, hübsch arrangiert, aber die Kellner blickten betreten zu Boden. Schließlich faßte sich Oberkellner Heinrich ein Herz und servierte mit tiefem Bedauern eine Portion Hieferschwanzel. Der arme Hofrat war wie vom Schlag gerührt. Er verlangte Hut und Stock und verließ mit den Worten: »Mein lieber Heinrich, da hätten S' mir gleich ein Kalbskotelett anbieten können!«, das Lokal. Bei dieser Wertschätzung und dem Kult, der um die Speise betrieben wurde, könnte man sich beinahe zur Behauptung versteigen, daß im Wien der zweiten Hälfte des 19. Jahrhunderts gekochtes Rindfleisch nicht bloß ein Gericht war – es war sozusagen ein Lebensstil.

Warum entwickelte sich gerade in Wien diese ausgeprägte Rindfleischkultur? Auf der einen Seite standen die Fleischhauer, die den Ochsen nicht bloß als simplen Fleischlieferanten verstanden, sondern ihr Handwerk beherrschten und genau erkannten, wie unterschiedlich das Muskelfleisch war. Die Wiener Zerlegung des Ochsen ist sicher die subtilste überhaupt. Auf der anderen Seite war Rindfleisch bereits im ausgehenden Mittelalter für die Ernährung der Wiener Bevölkerung von großer Bedeutung und wurde von allen Schichten gekauft. Das hatte zwei Gründe: Einerseits konnten die Rinder – in Ermangelung entsprechender Transportmittel – leichter von den Aufzuchtgebieten (Ungarn, Galizien, Bukowina, Marchfeld) nach Wien getrieben werden als kurzbeinige Tiere wie Schweine oder Schafe, von denen sich auf den langen Wegen viele die Beine brachen. Überdies nahm man im Wiener Magistrat beim Festsetzen des Rindfleischpreises auf die unterschiedlichen Fleischteile keine Rücksicht. Aus dem Jahr 1460 ist eine Verordnung überliefert, daß das Rindfleisch nach Pfund zu einem bestimmten Preis verkauft werden mußte. Um 1560 bezahlte man für ein Pfund Rindfleisch sechs Kreuzer (zu jener Zeit hatte ein Maurer einen Taglohn von zwölf Kreuzern), 1600 waren es bereits dreizehn. Nur die exquisitesten Fleischstücke wie Lungenbraten, Beiried und Rostbraten durften die Wiener Fleischer teurer verkaufen. In der Zeit von 1812 bis 1855 blieben die Rindfleischpreise relativ stabil. Der Kilopreis betrug zwischen sieben und fünfzehn Kreuzern (ein ausgelernter, nicht angestellter Hofkoch hatte damals ein Gulden fünfzig Kreuzer Taglohn). Nur die

Hotel-Restaurant Österreichischer Hof von Ferdinand Hess. Hess besaß auch das Hotel-Restaurant König von Ungarn, in dem er die Wiener Küche pflegte. Ein Bruder Ferdinands, Adolf Hess, gründete die Wiener Gastgewerbeschule und brachte gemeinsam mit seiner Gattin Olga ein bedeutendes Kochbuch heraus.

Jahre des Wiener Kongresses (1814/15) und die Zeit unmittelbar danach brachten Erhöhungen bis zu vierzig Kreuzern. Bis 1855 pendelte sich der Kilopreis bei zweiundzwanzig Kreuzern ein. Rindfleisch war also für eine relativ breite Bevölkerungsschicht erschwinglich.

Eine Besonderheit des Wiener Fleischhandels war die sogenannte *Zuwaage*. Damit konnten die Fleischhauer Teile des Ochsen an den Mann bekommen, die ihnen sonst liegen geblieben wären. Um Mißbräuche zu verhindern, legte der Magistrat die Menge der Zuwaage fest. Im Jahr 1574 betrug die Zuwaage bei einem Pfund (560 g) Rindfleisch sechs Lot (106 g). Als Zuwaage wurden Knochen gegeben, was verständlich ist, denn Rindfleisch wurde in Wien eben vorwiegend gekocht und Knochen sind für eine gute Rindsuppe ebenfalls wichtig. Die Zuwaage wurde zum selben Preis verkauft wie das Fleisch selbst, d. h., das ausgelöste Fleisch war ohne Knochen nicht zu haben. Übrigens fand sich in den Verträgen des Wiener Kaiserhofs mit dem *Hofzuschrotter* (Hoffleischhauer) immer wieder der Passus, daß die Zuwaage unzulässig sei. Um 1800 wurden als Zuwaage folgende Menge festgelegt: Bis zwei Pfund Rindfleisch war die Zuwaage unzulässig; bei zwei bis fünf Pfund Fleisch wurden acht Lot Zuwaage gegeben. »Unter Zuwage werden nur brauchbare Suppen-, Koepf- und andere Beine, mit Ausschluß der Flecksiederwaaren, und lediglich Ochsenfleisch verstanden, daher ist die Unterschiebung von Theilen anderer Viehgattungen verboten«, legte eine Regierungsverordnung des Jahres 1812 fest. Bis in die fünfziger Jahre des 20. Jahrhunderts hielt sich der Brauch, Rindfleisch nur mit Zuwaage zu verkaufen.

Da das Rindfleisch von größter Bedeutung für die Verpflegung Wiens war, bemühte sich der Wiener Magistrat, die Fleischversorgung in entsprechender Menge aufrecht zu erhalten. Vor allem die Zeiten der Türkenkriege wirkten sich sehr nachteilig auf den Wiener Fleischmarkt aus. Zu jener Zeit wurden die Fleischhauer gezwungen, die Stadt mit Fleisch zu einem bestimmten, niedrigeren Preis zu versorgen. Damit dies auch reibungslos gelang, wurde aus der Gemeindekasse für jeden geschlachteten Ochsen eine Prämie gezahlt.

Auch die Speisentarife wurden in Wien festgelegt, wie eine *Notification* aus dem Jahr 1745 zeigt. Die Absicht dahinter war, »daß in Wirts-Häusern allhier in der königl. Haupt- und Residentz Stadt Wien um verschiedenen geringen Preiß die Kost für Distinktions-Personen sowol, als vor gemeine Leut zu bekommen sey, auch was und wie viel Gerichte man selben vor solchen Preiß aufsetze«. So gab es damals ein Menü zu vierundzwanzig Kreuzern mit sieben Speisen, das zu Beginn

Kaiserliche Tafel anläßlich der Hochzeit von Erzherzog Joseph (später: Kaiser Joseph II.) und Isabella von Parma (1760). Kaiserin Maria Theresia und ihre zahlreiche Familie schätzten Suppe und gekochtes Rindfleisch.

»Suppe, welche täglich verändert wird«, und danach »Rind-Fleisch, darzu ein Soß, Kren oder Umurcken« vorsah. Das Menü zu zwölf Kreuzern umfaßte fünf Gänge, jenes zu neun und sieben Kreuzern vier Gänge – bei allen gab es Suppe und anschließend Rindfleisch mit Soße oder Gemüse.

Anfang des 18. Jahrhunderts berichtete Paul Jacob Marperger in seinem *Küchenlexikon* über das Rindfleisch und Wien: »Ochsen- oder Rind-Fleisch / [...] ist ein sehr nahrhaftige / und fast unentbehrliche Speise / deren man sich nimmer überdrüßig essen kan [...] Im Zoll-Hause zu Wien / in Oesterreich ist beobachtet worden / daß in einem Jahr mehr als 80.000 Ochsen aus Ungarn in Teutschland getrieben worden.« Im Jahr 1793 verspeisten die Wiener 43.000 Ochsen, was den Berliner Reiseschriftsteller Nicolai zu folgender Aussage veranlaßte: »Berlin hat 140.000 Einwohner, die jährlich etwa 20.500 Stück Rindvieh verzehren. Wenn Wien 206.000 Menschen hat, die [...] 39.000 ungarische Ochsen essen, ohne die inländischen, die auch an 4.000 ausmachen, so sieht man deutlich den sehr viel größeren Verbrauch des Rindfleisches in Wien. Es essen, durch die Bank gerechnet, die Berliner ebenso viel, die Wiener aber mehr als den vierten Teil mehr Rindfleisch als die Londoner, die fast nur Rindfleisch essen.« Um 1828 verzehrten die Wiener, die von den Fremden immer wieder als besonders große Esser geschildert wurden, jährlich rund hundert Kilogramm Fleisch pro Kopf. Wenn auch die fremden Beobachter vor allem über die Back-(und Brat-)Hendelmanie der Wiener den Kopf schüttelten, so war Rindfleisch doch das wichtigste Nahrungsmittel. Im Jahr 1828 verspeisten die Wiener 84.657 Ochsen, 131.985 Kälber sowie 124.717 Gänse und 100.000 Kapaune. Schweinefleisch fiel nur wenig ins Gewicht.

Ab der Mitte des 19. Jahrhunderts erreichte die Rindfleischkultur in Wien ihre Hochblüte. Gekochtes Rindfleisch war nicht bloß eine Speise mit den heute landläufig servierten Beilagen (Schnittlauchsoße, Apfelkren, Erdäpfelschmarren und/oder Gemüse), sondern konnte aufgrund mannigfaltiger Zuspeisen (siehe Kapitel: *Rindfleischteller und Rindfleischwagen*) schier unendlich variiert werden. Anna Hofbauer schlug in ihrem bereits 1825 in Wien erschienenen *Wiener Kochbuch* – wie viele Kochbuchautorinnen und -autoren nach ihr – ein tägliches Menü vor, um der Köchin bzw. Hausfrau die Sorge nach der Frage: »Was koche ich heute?« abzunehmen. In ihren Menüplänen erwähnt sie pro Monat im Schnitt 21 Mal (!!) gekochtes Rindfleisch mit Beilage als Hauptgang. Nur am Sonntag kam noch der Braten dazu. Das gekochte Rindfleisch wurde zur bürgerlichen Speise Wiens schlechthin.

Und die betuchtere Schicht in Wien und der übrigen Monarchie war nicht gerade klein: Adel, Großbürgertum, Angehörige von Klöstern, reiche Landgewerbetreibende, Großbauern, Gastwirte und Künstler zählten ebenso dazu wie der sogenannte gutbürgerliche Stand: Privatbeamte (d. h. Angestellte in Adelshäusern), Kaufleute, herrschaftliche Dienstleute. Das Rindfleisch überschritt bisweilen sogar die Standesgrenzen aufgrund seines – lange Zeit – relativ billigen Preises.

Im letzten Drittel des 19. Jahrhunderts erhöhten sich jedoch die Rindfleischpreise in Wien recht erheblich. Immer wieder wurden Klagen laut, weil es sich ja gewissermaßen um ein Volksnahrungsmittel handelte. Adolf Hess, der Gründer der Wiener Gastgewerbefachschule, schrieb 1913 in der *Allgemeinen Gastgewerbe Zeitung* sehr verärgert über diesen Zustand: »Wie teuer aber die Zeiten sind [...] möge aus folgender Rechnung ersehen werden: 5 kg Kruspelspitz kosten heute im Detaileinkaufe einschließlich Zuwage 11 K[ronen] 50 h[eller], das heißt: 1 kg Kruspelspitz, roh, mit Zuwage, 2 K 30 h. Nach dem Kochen wiegt das Fleisch ohne Knochen 2.54. Es kosten daher 2.54 kg gekochtes Fleisch 11 K 50 h oder 1 kg Kruspelspitz gekocht 4 K 55 h. Wenn das dem Herrn Reichsritter [es handelte sich um einen Angehörigen der Agrarierpartei] [...] noch zu billig ist – dann werden wir uns wohl bald das Fleischessen abgewöhnen müssen. Gesünder wäre es ohnehin, etwas weniger Fleisch und mehr Gemüse zu essen – nur sind diese, dank unserer Agrarpolitik und unserer traurigen Marktverhältnisse fast ebenso teuer wie Fleisch!«

Trotzdem gab es immer wieder Stimmen, die meinten, daß nur größere Mengen an Fleisch eine gute Suppe und eine passable Fleischspeise ergeben. Eine Reduzierung auf kleinere Haushalte wurde als Notlösung angesehen, die den Qualitätsanspruch nicht mehr ganz erfüllte. Die *Illustrierte Wiener Küchenzeitung*, die 1904 sechsmal pro Woche gekochtes Rindfleisch vorschlug, meinte zu kleinen Haushalten: »Es läßt sich leider nicht ändern, daß vom Rindfleisch, wenn dasselbe für 4 Personen gekocht wird [dabei ist an eine Menge von mindestens einem Kilogramm – ohne Knochen – gedacht], wohl eine gute Suppe zu erzielen ist, aber das Fleisch selbst, weil in der Regel zersotten, nicht so saftig und wohlschmeckend ist, als wenn es in größeren Stücken für 15 – 20 Personen gekocht wird.«

In seiner Servierkunde aus dem Jahr 1912 – zu dessen erster Auflage 1888 Kaiser Franz Joseph meinte: »Es ist lobenswert, daß auch im Wirtsgewerbe ein so lebhaftes Streben nach Vorwärts herrscht« – erläuterte Adolf Hess die Zusammenstellung der Menüs der Wiener: »Während sich ein einfaches Mittagmahl in Österreich gewöhnlich aus Suppe, Rindfleisch mit Gemüse und Mehlspeise zusammensetzt, besteht ein feineres bürgerliches Mahl überall meist aus folgenden Gängen: 1. Suppe / 2. Fisch oder Vorspeise / 3. Hauptfleischspeise [= gekochtes Rindfleisch] mit Gemüse / 4. Braten mit Salat und/oder Kompott / 5. Mehlspeise.« Im Laufe der Zeit bürgerte sich in gehobenen Haushalten in Österreich die erste Version für den Alltag, die zweite aber für Sonn- und Feiertage ein.

Gekochtes Rindfleisch war jedoch zeitweise recht harscher Kritik unterworfen. Nicht überall in Europa konnte man die Liebe der Österreicher zu diesem Gericht nachvollziehen. Schon der Gastrosoph Brillat-Savarin fällte 1825 in seiner *Physiologie des Geschmacks* ein vernichtendes Urteil über das gekochte Rindfleisch: »Die Leute vom Fach essen niemals gekochtes Rindfleisch, einmal aus Achtung vor den strengen Grundsätzen und zum anderen, weil sie vom hohen Katheder aus diese unbestreitbare Wahrheit verkündet haben: Das Suppenfleisch ist ein Fleisch ohne Saft.« Noch schärfer fiel das Urteil seines deutschen Kollegen Antonius Anthus aus, der in seinen 1838 erschienen *Vorlesungen über Esskunst* vernichtend schrieb: »Der lieben Suppe folgte nun in der Regel das liebe gesottene Rindfleisch, welchem jene ihre Existenz verdankt, ohne welche sie gar nicht auf der Welt wäre. Und dieses ab- und ausgekochte, saft- und kraftlose Fasergewebe, welches schon als Mittel zu einem anderen Zweck gedient, dieses *Caput mortuum,* dieser schöne Abhub, dieses bereits verbrauchte Überbleibsel, dieser Altweibersommer gilt als Speise. […] Das Muskelfleisch muß aber gebraten sein; gekochtes Rindfleisch ist eigentlich blos etwas mehr als gar keines.«

Auch der – ebenfalls deutsche – Schriftsteller Willibald Alexis war in seinem 1833 erschienen Buch *Wiener Bilder* strikt gegen das gekochte Rindfleisch und warf den Wienern bei der Behandlung desselben Unfähigkeit vor: »Die Wiener Küche versteht nicht mit dem Rindfleisch umzugehen. Stark ausgekocht zur Bouillon, kommt es in jeder echten bürgerlichen Haushaltung auch bei Mittagessen, die wir Gelage nennen würden, nach [sic!] der Sauce auf den Tisch […] Beefsteaks gibt es nicht […] Schmorbraten, Rinderbraten, das würzige Roastbeef hie und da in den Küchen der Reichen.«

Das gekochte Rindfleisch hatte es nicht leicht, Gnade vor den Augen der fremden, vor allem deutschen Gäste zu finden. Nur der Journalist Richard Hutter griff in der Märzausgabe von *Küche und Keller* des Jahres 1905 zu etwas sanfteren Tönen und übte Nachsicht mit der großen Leidenschaft der Wiener: »Wenn der Wiener in der Fremde ist, entbehrt er nichts so sehr, als sein Rindfleisch. Hie und da am Sonntag ein garniertes Schnitzerl oder bei einer festlichen Gelegenheit [...] a marbs Henderl mit Salat – na ja! – Aber für gewöhnlich (unter der Wochen, wie man sagt), muß es durchgehend Rindfleisch sein, und zwar am liebsten nicht etwa das noble Roastbeef, Rumpsteak oder Beefsteak, ja nicht einmal Rostbraten, Beiried oder Lungenbraten, sondern Rindfleisch schlechtweg, Rindfleischkomune [sic!], einfach – das Rindfleisch, jenes Rindfleisch, welches sich langsam einen Weltruf erwarb. [...] Außer für seine Leibspeise schwärmt der Phäake vom Donaustrand nur noch in gleicher Weise für seinen Stephansturm, seinen Prater, sein fesches Wiener Lied und seine Gemütlichkeit.« Und 1908 merkte Richard Gollmer in seiner *Vornehmen Gastlichkeit der Neuzeit* zu Österreich an: »Aus der österreichischen Küche haben wir schon die Backhändl und Mehlspeisen erwähnt. Sehr gut sind die klaren Fleischsuppen mit den verschiedenen famosen Einlagen wie Schöberl, Eierstich, Frittaten usw. Ein jedem Österreicher unentbehrlicher Gang ist das Rindfleisch von der Suppe, das nicht ausgekocht, sondern saftig geblieben, in Begleitung von einer pikanten (Kren-, Sardellen-, Tomaten- usw.) Sauce, oder mit Gemüse oder Knödel aufgetragen wird.«

Im Jahr 1910 fand in Wien eine Enquête des *Vereins für Stadtinteressen und Fremdenverkehr* statt. Es sollten Möglichkeiten gefunden werden, mehr Fremde nach Wien zu bringen, die auch die hiesigen Restaurants frequentierten. Zu einem Referat wurde der norddeutsche Professor Cluß eingeladen. Er übte heftige Kritik an den spezifischen Wiener Speisenbezeichnungen, die es einem Deutschen unmöglich machten, eine österreichische Speisekarte zu lesen. Überdies vermißte er Delikatessen wie Austern und besonders raffiniert zubereitete Gerichte in Wiens Gasthöfen. Dazu meinte der Wiener Gastronomieexperte Karl Scheichelbauer: »Herr Professor Dr. Cluß hat in seinem Referate gesagt, der Wiener solle dazu erzogen werden, daß er auch Delikatessen esse. Da stimme ich vollkommen bei. Nur müßten aber die meisten Wiener Gäste dann erst noch erzogen werden, daß sie überhaupt etwas anderes essen als meist nur Suppe, Rindfleisch und Mehlspeise. [...] Es kommt vor, daß Ausländer sogar eine sehr einfache Speise, nämlich unser Rindfleisch, wenn es ihnen in erstklassiger Güte serviert wird, mit förmlicher Begeisterung als eine Delikatesse bezeichnen.«

Allerdings bestanden diese Aversionen im sogenannten süddeutschen Raum nicht, zu dem auch das Königreich Bayern zählte. Der königliche Hofmeister und frühere erste Mundkoch von König Maximilian II. von Bayern (1811–1864), Johann Rottenhöfer, war in seinen um 1860 erschienenen Kochbüchern für die herrschaftliche und die gute bürgerliche Küche von der Bedeutung von Rindsuppe und gekochtem Rindfleisch überzeugt. Er widmete dem Rindfleisch ein kleines Kapitel mit dem Titel *Natürlich gekochtes Ochsenfleisch* und gab folgende Anweisungen zu seiner Servierung: »Beim Anrichten wird das Tafelstück mit einem großen, flachen Schaumlöffel ausgehoben, der Bindfaden abgelöst, das Stück von allen Seiten rein zugeschnitten, mit feinem Salz bestäubt, auf einer langen Schüssel angerichtet und etwas klare Bouillon darunter gegeben. Kleine Essiggurken, rothe Rüben, warmer oder kalter Meerrettig, wie auch Zwiebel-, Kapern-, Sardellen- oder Senf-Sauce können extra beigesetzt werden.« Damit befand sich Rottenhöfer ganz in der Wiener Tradition.

Auch vor der bürgerlichen Küche der Ungarn machte das gekochte Rindfleisch nicht halt. Anna Kövér publizierte 1862 ihr *Geprüftes Musterkochbuch*. Bei ihren Speiszetteln für größere Tafeln war sie noch dem *Service à la française* verhaftet und brachte die Speisen in drei »Trachten« zu Tisch. Das Rindfleisch hatte als Relevéspeise in der ersten Tracht neben Suppen, Entrées und Hors d'hœuvre seinen Platz. Die Autorin schlug vor, es mit drei Soßen, Gurken, roten Rüben und Senf zu servieren. Für die gewöhnlichen Tage des Jahres gab sie ebenfalls einen Speiszettel an und schlug pro Woche sechsmal gekochtes Rindfleisch mit unterschiedlichen Beilagen vor.

Der k. u. k. Hofkoch Friedrich Hampel (1864–1925) bereiste während des Ersten Weltkriegs Deutschland und freute sich, in Dresden ein Wirtshaus zu finden, das »Rinderschnitte mit Brechbohnen« (gekochte Rindsbrust mit Konservenfisolen und Erdäpfeln) anbot. Als zeitgemäße Speisen für den Mittagstisch gutbürgerlicher Haushalte schlug er zu jener Zeit noch dreimal pro Woche Suppe, Rindfleisch mit Gemüse oder Soßen und Mehlspeise vor. Inwieweit sich die Wiener an diesen Speiseplan halten konnten, ist äußerst fraglich. Denn damals war der Rindfleischpreis aufgrund des Fleischmangels bereits so hoch, daß es in Wien an zwei Tagen pro Woche gesetzlich untersagt war, Rindfleisch zu verkaufen oder in öffentlichen Küchen zu verkochen. So wollte man einem noch größeren Engpaß bei Rindfleisch begegnen.

Nach dem Zusammenbruch der Habsburgermonarchie fand ein erster Einbruch in der Wiener Küche statt – vieles hatte sich verändert. Der 1902 in Wien gegründete *Verband der Köche* war von den Ereignissen, die den ehemaligen Vielvölkerstaat zu einer kleinen Republik reduzierten, ebenfalls stark betroffen. Erst in den beginnenden zwanziger Jahren des 20. Jahrhunderts konnte der Verband wieder Fuß fassen. In der von ihm ab 1923 herausgegebenen Zeitung *Der Gastronom* wurde

Das ehemalige Ottakringer Bräu, heute Hietzinger Bräu von Ewald Plachutta

auch die Problematik der Wiener Küche nach dem Zusammenbruch der Monarchie behandelt: »Man wird zugeben, daß sich die Lebensgewohnheiten und Sitten in unserem Lande seit 1914 gewaltig geändert haben. Die Umschichtung der Gesellschaft nach dem Kriege, der Zusammenbruch der Währung sowie die durch die Absperrung vom Ausland hervorgerufenen mißlichen wirtschaftlichen und sozialen Verhältnisse, konnten in der Folge nicht ohne Einfluß auf unsere heimische Kochkunst bleiben. [...] Wo man nicht auf das Geld zu sehen braucht, hat die Kochkunst das beste Feld zu ihrer Entwicklung.« – Eine Tatsache, die stets Gültigkeit hat, denn ohne finanziellen Spielraum ist die Anschaffung qualitativ hochstehender Lebensmittel kaum möglich.

Auch im weiteren Verlauf des 20. Jahrhunderts hatten Deutsche und Österreicher leider andere Sorgen, als über das Wiener Rindfleisch zu streiten und in der Zeit nach dem Zweiten Weltkrieg änderte sich die Wiener Küche grundlegend. Sie wurde, wie schon erwähnt, zu einer Schweinefleischküche »umgemodelt«. Das gekochte Rindfleisch als Traditionsgericht war fast ganz verschwunden, der Rindfleischgang war nicht mehr selbstverständlich. Im *Frau und Mutter-Kochbuch*, das 1947 erschien, scheint die Erwähnung von gekochtem Rindfleisch nur mehr eine Pflichtübung zu sein. Es wird kurz im Rezeptteil erwähnt: »Dicker Spitz, Tafelspitz, Hieferscherzel oder Kügerl wird in die kochende Knochensuppe [...] eingelegt und 2 bis 3 Stunden nicht zu stark gekocht.« Typische Soßen zu Rindfleisch wie Dillsoße, Gurkensoße, pikante Soße, Paradeissoße, Sardellensoße, Schnittlauchsoße und verschiedene Krenvariationen werden zwar noch verzeichnet, aber in wesentlich reduzierterem Ausmaß als während der Zeit der k. u. k. Monarchie. Das 1949 erschienene *Elite Kochbuch für Stadt und Land* von Lucie Tosetto führt gekochtes Rindfleisch als selbständige Speise überhaupt nicht an, während es wenige Jahre später in Betty Hinterers *Grabnerhof-Kochbuch* wieder zu bescheidenen Ehren kommt. Mater Johanna Rindler gab 1955 *Mein großes Kochbuch* heraus. In diesem Kochbuch finden Rindsuppe und gekochtes Rindfleisch wieder etwas prominentere Erwähnung. Mater Johanna erwähnt auch die passenden Beilagen: »Alle warmen Gemüsearten, Soßen und Kartoffeln in verschiedenen Formen. Sehr gut passen auch Roter-Rüben-Salat und Kren in seinen verschiedenen Zubereitungsarten dazu.« Sie nahm die Tradition der Kochbücher vor dem Ersten Weltkrieg und in der Zwischenkriegszeit wieder auf und bot einen Speisezettel für jeden Tag des Jahres sowohl für die feinere als auch für die einfachere Küche an. Für die feinere Küche schlug sie jede

Woche einmal Rindsuppe und gekochtes Rindfleisch vor, für die einfachere zweimal pro Monat.

Ins Bewußtsein der Österreicherinnen und Österreicher kam gekochtes Rindfleisch erst durch die Bemühungen einzelner Köche und Gastronomen, die gekochtes Rindfleisch als Wiener Klassiker wieder auf die Speisekarte setzten. Dazu gehörten natürlich Franz Ruhm, aber auch Albert Kofranek, der in seinem *Schubertstüberl* auf der Bastei das gekochte Rindfleisch wieder aufleben ließ und als Spezialität einen Grammel-Erdäpfelschmarren anbot. Egon Fodermayer servierte in den *Drei Husaren* neben gekochtem Tafelspitz auch gedünstetes Beiried mit Krautfleckerln. In vielen Restaurants wurde das Rindfleisch auf einer reduzierten Form des Rindfleischtellers (mit sechs Abteilungen für Beilagen) in folgender Zusammenstellung serviert: Rösterdäpfel, Apfelkren, Essigkren (oder Paradeissoße), Schnittlauchsoße, Crèmespinat und Gemüse. Das Gemüse (Karotten, Kohlrabi, Kohl, Kochsalat und Erbsen etc.) war auf Wiener Art eingemacht.

Im Gastgewerbe kam es 1959 zu einem verstärkten Anschließen an die Wiener Rindfleischtradition – und zwar durch einen Spanier. Pedro Masana war in diesem Jahr nach Wien gekommen und arbeitete im Restaurant im ehemaligen Haas-Haus. Seine neue Linie – er brachte den Rindfleischwagen wieder zum Einsatz – war sehr erfolgreich. Persönlichkeiten aus Politik, Kultur und der Geschäftswelt (wie die Bundeskanzler Raab und Figl, Erzbischof König, Weihbischof Krätzl etc.) honorierten diesen Kurs und kamen in Scharen. 1961 hatte Pedro Masana bereits die Führungsposition im Restaurant inne und blieb dort bis 1979, als Karl Wlaschek den Betrieb übernahm. Die Geschäftspolitik des neuen Inhabers war nicht nach den Vorstellungen von Herrn Masana. Er verließ das Restaurant und machte sich im *König von Ungarn*, den er von Grund auf restaurierte, selbständig. Pedro Masana blieb seinen Ideen treu und seine Gäste folgten ihm nach. 1989 eröffnete er *Pedro's Landhaus* in Kasten (NÖ), wo am Samstag immer »Rindfleischtag« war. Als Pedro's wird das Lokal noch heute geführt. Angeboten werden Tafelspitz, Schulterscherzel und Rindszunge, als Beilagen Apfelkren, Schnittlauchsoße, Erdäpfelschmarren und Gemüse. 2001 verließ Pedro Masana den *König von Ungarn*, in dem die Rindfleischkultur weiterhin gepflegt wird.

Besonders um das gekochte Rindfleisch bemühte sich Ewald Plachutta in seinem Restaurant *Hietzinger Bräu*, in dem er ab 1987 bewußt die Tradition von *Meissl & Schadn* wieder aufnahm. Ab den fünfziger Jahren des 20. Jahrhunderts beschränkte sich das Angebot an gekochtem Rindfleisch in den meisten Betrieben auf Beinfleisch und Tafelspitz, manche Häuser boten unter Umständen auch Schulterscherzel an. Im *Hietzinger Bräu* wird seit der Gründung des Lokals das gekochte Rindfleisch folgendermaßen serviert: Das gewünschte Stück vom Rind befindet sich in einer Stielkasserolle aus Kupfer, bedeckt mit Rindsuppe. Dazu gibt es noch einen Markknochen, das Suppengemüse und Lauch. Man kann extra klassische Wiener Suppeneinlagen bestellen. Als Beilagen erhält man Crèmespinat, Schnittlauchsoße, Apfelkren und Erdäpfel (Rösterdäpfel, Stürzerdäpfel oder Erdäpfelschmarren) sowie eine Scheibe gebähtes Schwarzbrot mit Knoblauch. Der Gast kann vorher in Ruhe seine Suppe essen, während das Fleisch im Topf warm bleibt und nicht austrocknet.

Auch in anderen Restaurants in Wien wird dem Rindfleisch wieder gehuldigt. Man erhält den Klassiker täglich mit verschiedenen Beilagen im *Sacher*, von dessen gekochtem Rindfleisch man sagt, es sei »mit der Gabel zu zerschneiden«, im *Imperial*, bei den *Drei Hacken*, im *Piaristenkeller*, im *Griechenbeisl*, im *Ofenloch*, im *Stomach*, im Gasthof *Zum Renner* und in fast jedem der größeren und kleineren Restaurants, Wirtshäuser und Beiseln, die noch die Tradition der Wiener Küche pflegen.

Die letzten Jahrzehnte des 20. Jahrhunderts brachten eine Versöhnung der Deutschen mit dem Wiener Rindfleisch. Wolfram Siebeck hat sich der Wiener Küche mit Akribie und Kennerschaft genähert. Über das »wiedererstandene« gekochte Rindfleisch schrieb er 1995: »Was die Fleischberge letzten Endes erträglich macht im digestiven Sinne, ist die geniale Erfindung des gekochten Rindes. Wenn die Wiener Küche eine kulinarische Bedeutung hat, dann in erster Linie wegen der Tafelspitz, Schulterscherzel, Hüferschwanzel und Kavalierspitz genannten Stücke vom Rind, die nicht wie bei den Primitivessern in der Pfanne oder auf dem Grill schwarz verbrannt, sondern sanft und schonend in einer würzigen Brühe gekocht werden.«

»WER LANG SUPPT, LEBT LANG«

Zur Geschichte der Suppe

»Die gesundesten und kräfftigsten Fleischbrühen geben das Ochsenfleisch [...]« – Zedlers Ratschlag um 1740 war den Wienern nichts Neues. Schon längst hatten sie ihre Leidenschaft für die Rindsuppe entwickelt. Wenn man daher über die Geschichte von gekochtem Rindfleisch schreibt, darf natürlich auch die Rindsuppe nicht unerwähnt bleiben. Denn beide Gerichte sind untrennbar miteinander verbunden. Obwohl Suppen gemeinsam mit brei- und musartigen Gerichten eine sehr lange Geschichte haben, waren sie dennoch lange nicht gesellschaftsfähig.

Bis zum 17. Jahrhundert galten Suppen als Speise der Armen und kamen nicht auf die Tafel der sogenannten »besseren« Leute. Lange Zeit dienten Fleischsuppen bloß als Basis für Brühen, die Vorläufer der Soßen, mit denen verschiedene Fleischgerichte serviert wurden. Erst im 18. Jahrhundert wurden Suppen salonfähig – man fand sie nun auch auf der Tafel des Adels und der Fürsten. Ihre Konsistenz war allerdings viel dicker als heute. Albert Kofranek schrieb zur Geschichte der Suppe: »In früheren Zeiten waren die Suppen eigentlich ganze Gerichte, in der Art der heutigen Eintopfgerichte. Sie enthielten alle Zutaten an Fleisch und Gemüse, die dazu verwendet und auch mitserviert wurden.«

Allerdings fielen der in Österreich ansässige Adel und das Herrscherhaus auch in dieser Hinsicht aus dem Rahmen. Am Kaiserhof läßt sich die Gewohnheit, Suppen zu essen, bis ins 16. Jahrhundert zurückverfolgen. Kaiser Ferdinand I. (1503–1564) wollte pro Mahlzeit mit 24 bis 30 Speisen bedient werden, worunter sich auch Suppen befanden. Beinahe hundert Jahre später entwarf Kaiser Leopold I. (1640–1705) seine Tafelordnung. Mittags speiste er zwölf Gerichte, abends neun – und nie fehlten darunter Suppen. Auf besonderen Wunsch des Kaisers mußte häufig Gerste, die in einer guten, fetten Rindsuppe gekocht worden war, aufgetischt werden. Aus dem Jahr 1680 existiert eine Speisenliste für die Hofdamen, die an Fleischtagen u. a. immer Suppe und ein Suppenstück erhielten. Obwohl zur Zeit Kaiserin Maria Theresias (1717–1780) der französische Einfluß am Hof sehr stark wurde (beigetragen dazu hatte die langjährige Freund- und Verwandtschaft der

Habsburger mit den Herzögen von Lothringen sowie die Anwesenheit des Prinzen Eugen am Hof) und die raffinierte französische Küche in die österreichische eindrang, behielt man die Gewohnheit bei, Suppe und Suppenstück zu essen. Maria Theresia liebte Suppe über alles und ließ sich, wenn sie in ihrer Kammer speiste, stets Suppe und Suppenstück servieren. Über ihre Eßgewohnheiten berichtet uns die Monarchin selbst: »Wan allein esse, habe niemahls mehrers, als eine Soupe, was eingemachtes, grüne Speiß [Gemüse], ein gebrattenes, und ein Obst, den abend ausgelassen die grüne Speis.«

Suppen, vor allem die klare Rindsuppe, wurden zum Lieblingsgericht vieler Österreicher. Da man die Suppe als Gericht ansah und sehr viel Energie auf die passenden Einlagen verwendete, entwickelten sich in der Wiener Küche keine raffinierten Vorspeisen, wie sie etwa für Frankreich oder Italien charakteristisch sind. Die Rindsuppe sollte nahrhaft sein, denn der Wiener (bzw. Österreicher) beschäftigt sich bei einer Mahlzeit nicht mit »Kleinigkeiten«, also mit kleinen Happen zum Anregen des Appetits; er geht lieber gleich zum Wesentlichen über – und beginnt zu essen. Der bereits erwähnte Ludwig Plakolb meinte zur Suppe: »Die Suppe ist für den Österreicher auch heute noch […] mehr als nur eine Vorspeise, ein Auftakt. […] Nach der Suppe hat man den Hunger hinter sich und die Muße, sich dem Appetit zu widmen. Darum wird die klare Suppe mit kräftigen Einlagen gegessen, hinter denen sich Gerichte verbergen können, die man anderswo als Vorspeisen ansprechen würde, wie Frittaten und Schöberl, als Zuspeise oder gar als verfeinertes Hauptgericht, wie Brösel- und Tiroler Knödel, als salzige und fleischige Varianten von Nachspeisen, wie Lungenstrudel oder Hirnpofesen.«

Bis in die zweite Hälfte des 18. Jahrhunderts kannte man noch recht wenige verschiedene Suppeneinlagen. In den *Georgica Curiosa Aucta* aus dem Jahr 1719 finden sich einige wenige Rezepte, die an spätere Suppeneinlagen erinnern. So gab es »kleine Küchlein in Suppen« (Backerbsen aus Brand- oder Straubenteig), »geschnittene Nudeln«, die man in der Suppe kochte, oder – aus demselben Teig ausgestochene – »runde Fleckerln«, die gebacken wurden, »Griesknötlein«, »gebachene Semmel-Knötlein« und »Kalb-« oder »Rindfleischknötlein«. In dem Wort »Knötlein« verbirgt sich unser Knödel. Die Suppen jener Zeit waren eher kräftige Ragoûts, die mit einer Einlage aus Bratwürsten, gebackenen Vögeln, gebackenen Eiern, Eidottern, hartgekochten oder verlorenen Eiern versehen wurden.

Suppenterrine, Silber, Wien 1800

F. G. Zenker, der Mundkoch des Fürsten Schwarzenberg, schrieb 1820 über Suppe und Rindfleisch als ein ganz wichtiges Element einer geglückten Mahlzeit in bürgerlichen Kreisen: »Die erste Schüssel gibt nun das Rindfleisch; allein da die Suppe zuerst aufgetischt wird und das ganze Mittagsmahl bedingt, so kann man nicht umhin, den Anfang mit derselben zu machen. Das ganze Mahl ist verunglückt, wenn die Suppe schwach, trüb oder gar übelschmeckend erscheint [...] Im Gegensatze wird durch eine gute Suppe die ganze Gesellschaft gut gestimmt«. Zenker beschrieb damit schon recht deutlich die Bedeutung der Suppe für die Wiener, die einen ebenso wichtigen Platz während der Mahlzeit einnehmen sollte wie das gekochte Rindfleisch. Die Suppeneinlagen in Zenkers Kochbuch erschöpften sich allerdings in allerlei »Pfanzel, Mehlspeis« (Suppeneinlagen aus Nudelteig), Grieß-, Semmel-, Mark- oder Leberknödel, Lungenstrudel, Schlickkrapferl und Reis.

In seiner *Küche des wohlhabenden Wieners* (1846) wird Zenker bei den Suppeneinlagen präziser. »Mehlspeis« lehnt er in der Suppe nun ab: »Alle Mehlspeisen haben den Nachtheil, daß sie die Brüh schwächen; wer auf gute Suppe hält, darf keine Mehlspeisen einkochen lassen. Ein bedeutender Nachtheil erwächst diesen Suppen aus dem längeren Stehen derselben, die Mehlspeise wird aufgeweicht, verschluckt die Brühe und macht das Ganze dick und schleimig. Diese Art Suppen kommen ohnehin immer mehr außer Brauch.« Er schlägt nun Semmel-, Mark-, Leberknödel, Mehlnocken, Grießnocken, Faschnocken, Schlickkrapferln und Eingetropftes vor. Bei letzterer Einlage merkt Zenker jedoch an: »Diese liebliche Mehlspeise pflegt man indessen nicht zu geben, wenn Gäste bei Tisch sind, es wäre gleichsam ein zu großes Negligée [er meint Vernachlässigung der Gäste].«

Schon zur Zeit der größten Popularität von Rindsuppe plädierte der bereits bekannte Antonius Anthus für die »möglichste Beschränkung des Suppenessens«, fügte aber sogleich bedauernd hinzu: »Doch ist die Gewohnheit des Suppenessens zu fest gewurzelt [...] Für den Familientisch siedet man Rindfleisch der Brühe wegen.« Auch Habs/Rosner, die launigen Wiener Kulinarik-Historiker, betonten 1830 in ihrem *Appetit-Lexikon* die Bedeutung der flüssigen Speise: »Suppe, das Objekt jener gefühlvollen Thätigkeit, die der Niederdeutsche supen, der Oberdeutsche supfen und der Hochdeutsche schlürfen nennt, ist eine aus Flüssigem mit mehr oder weniger fester Einlage bestehende Warmspeise, die mit dem Löffel gegessen wird. [...] Die Suppe ist daher keine beiläufige, sondern eine höchst wichtige Sache, und das umsomehr, da sie den ersten Eindruck von dem bevorstehenden Mahle gibt, und der erste Eindruck, wie bekannt, nicht selten der entscheidende ist […] Beim Servieren ist vor allem nie zu vergessen, daß die Suppe eine Warmspeise ist und daher möglichst heiß auf den Teller kommen muß.«

Auch die *Illustrierte Wiener Küchenzeitung* beschäftigte sich mit der Bedeutung der Rindsuppe. 1905 widmete sie den Suppen einen eigenen Artikel, und der Autor befand, daß alle Suppen, mit Ausnahme der Fleisch- bzw. Rindsuppe, wertlos seien. Ansatzpunkt der Kritik war der geringe Nährstoffgehalt. Wohlgeschmack sowie wärmende und appetitanregende Wirkung von Suppe wurden jedoch hervorgehoben und auch eine Regel für die zu verzehrende Menge festgelegt: »Durch die Anregung der Geschmacksnerven wird nämlich die Absonderung des Magensaftes hervorgerufen und hiemit der Verdauungsprozeß für die nachfolgende Nahrung eingeleitet. Es ist daher von Nutzen für die Verdauung, die Mahlzeit mit der Einnahme einer kleinen Menge, etwa 1/5 l Suppe, zu eröffnen […]«.

Franz Ruhm bemerkte um 1930: »Was zu einem Gemälde der Rahmen oder zu einem Bau der Entwurf, zu einer Symphonie der Dirigent bedeutet, das bedeutet im allgemeinen die Suppe zu den übrigen Gerichten einer Speisenfolge. An der Suppe als Einleitung zum Essen will man den guten oder schlechten Auftakt der Mahlzeit erkennen und deshalb werden wir immer gut daran tun, der Suppenherstellung unsere vollste Aufmerksamkeit zuzuwenden. Klare Suppen wirklich klar, Kraftsuppen ihrem Namen entsprechend kräftig und dicke Suppen immer so herzustellen, daß sie anregend, gustiös und appetitlich wirken, daß der Wiener auch mit Recht sagen kann: *Das ist ein Supperl!*«

Nicht nur das gekochte Rindfleisch hatte in den fünfziger Jahren des 20. Jahrhunderts an Bedeutung verloren: Auch die Rindsuppe, die man mit so vielen verschiedenen Einlagen variieren konnte, erlebte einen ähnlichen Niedergang. Betty Hinterer (1950) plädierte in dem bereits erwähnten *Grabnerhof-Kochbuch* für den Suppenwürfel: »Zur raschen Herstellung einer Fleischsuppe eignen sich die verschiedenen käuflichen Suppenwürfel. Ein Würfel, in siedendem Wasser aufgelöst, ergibt einen Teller schmackhafter Suppe.« Über die Fleischsuppen ist sie – ganz im Sinne der Nachkriegszeit – nicht besonders erbaut: »Man mißt der leeren Fleischsuppe irrtümlicherweise einen großen Nährwert bei, während sie doch nur ein appetitanregendes Genußmittel ist, das erst durch die Einlagen nahrhaft wird. Die gebundenen Hülsenfrüchte-, Gemüse-, Mehl- und Milchsuppen dagegen sind ihres größeren Nährwertes und des billigen Preises wegen den Fleischsuppen bei weitem vorzuziehen und sollten in unserer Volksernährung eine viel größere Beachtung finden.«

Die Wiener allerdings schätzten allezeit *ihre* Rindsuppe – die echte und unverfälschte. Die Vielfalt an Einlagen, die im Laufe des 19. Jahrhunderts von wahren Kochkünstlern zu einer ungeheuren Anzahl gesteigert wurde, machte es möglich, die Rindsuppe fast jeden Tag des Jahres anders zu servieren. Als sich am Beginn des 19. Jahrhunderts die Rindsuppe als fixer Bestandteil der Mahlzeit etabliert hatte, begannen die Wiener Köchinnen und Köche mit unglaublicher Phantasie an der Erfindung von schmackhaften Suppeneinlagen zu arbeiten. Maria Anna Steinbrecher gab bereits 1823 eine viel größere Anzahl an, als in den Kochbüchern der letzten Jahre des 18. Jahrhunderts zu finden sind: »Markbudin, Hühnerknödel, Profiterols, gefüllte Brötchen [mit Salpicon bestrichene Weißbrötchen, ähnlich den Milzschnitten], Perlgraupen, Nocken [Teig aus Butter, Dotter, Ei, Mehl und Muskat, der mit einem kleinen Löffel in die Suppe eingekocht wird], Grießknödel, gebackene Nudeln, Nudeln, Eiergerste, Reisschnitten, Semmelknödel, Käsecroutons, verlorene Eier, Sago und Kaisergerste«. Und Franziska Probstin ergänzt 1837 »kälberne Braitknödel, Faschspatzen, Faschwandel, Hendelleber-, Hirn-, Briesknöderl, Kohlwandel, Kohlwürsteln, Leber Pudding, Leberpfanzel, Leberreis, Mehlschöberl, Reisnockerln, Reiswandel, Reiswürstel, gefüllte Semmeln, Spinatwandel und Semmelknödel«. Auch Leberknödel führt sie schon an, deren Zubereitung sich aber noch stark von der uns geläufigen unterschied: Geschabte Leber wird entweder mit gehackter Zwiebel, Petersilgrün, Porree, Butter, Salz, Eiern und Semmelbröseln oder mit geweichten, ausgedrückten Semmeln, Butter, Eiern und Salz vermischt, Knödeln geformt und in die kochende Suppe eingelegt.

In Wien ist es eine Selbstverständlichkeit, Rindsuppe immer mit geschnittenem Schnittlauch bestreut zu servieren. Selbst wenn es schnell gehen sollte, kannte man in Wien ein Vielzahl von Suppeneinlagen für die klare Köstlichkeit: ein roher Dotter, Schwarzbrotwürfel geröstet oder nicht geröstet, pochierte (Wachtel-)Eier, feingeschnittenes Wurzelgemüse sowie gekochte und geschälte Frankfurter- oder Bratwürstel.

Als Mittelding zwischen den früheren dicken Brühen, die eine ganze Mahlzeit waren, und der Rindsuppe mit Einlage kann der Altwiener Suppentopf angesehen werden. Eine frühe Version – allerdings ohne Nudeln und Hühnerfleischeinlage – gab Katharina Braunin (1799) unter dem Titel *Suppe von aufgeschnittenem Rindfleisch* an: »Nimm gesottenes Rindfleisch, schneide es klein gewürflet, nimm auch

Küche im Hotel Bristol mit den Utensilien zum Suppekochen

gesottenes March [Mark], und schneide es blattlet, nimm auch Petersilwurzen, löse den Kern heraus, und schneide ihn länglet, laß ihm in der Suppe sieden, hernach schneide Brod ganz dünn auf, und schütte eine fette Rindsuppe daran, laß es auf der Glut sieden, lege das Fleisch, March und Petersil darauf, laß es noch ein wenig sieden, so ist es fertig.«

Geräte zum Kochen, Servieren und Speisen der Suppe

Zum Zubereiten, Servieren und Essen von Brei, Mus und Suppe waren zahlreiche Utensilien nötig. Zu den ältesten zählen ein Metall- oder Tontopf zum Kochen sowie ein hohles Hilfsmittel zum Essen.

Die Form des ursprünglichen Kochtopfs änderte sich im Lauf der Zeit kaum: Sie ist zylindrisch mit abgerundetem Boden, für die bessere Aufnahme der Wärme von offenem Feuer. Der Topf konnte auch auf drei Beinen stehen – die ersten *Grapen* sind aus dem 13. Jahrhundert bekannt. Nach der Erfindung des geschlossenen Herdes im 18. Jahrhundert konnten die Kochkessel mit ebenem Boden ausgestattet und auf den Herd gestellt werden. Eine Rückkehr zur alten Form waren die *Oliokessel* in der Wiener Hofküche: Sie waren am Boden abgerundet und eingemauert. Die Befeuerung kam direkt von unten, über Wasserleitungen wurde von oben Wasser zugeführt. Überdies hatten die Kessel einen Ausguß, über den man die fertige Suppe ablassen konnte.

Als Vorläufer des Löffels gelten Muscheln, Schneckenhäuser, flache ausladende Knochen von Tieren, später wurden löffelähnliche Formen aus (Span-)Holz oder Bein geschnitzt. In weiterer Entwicklung wurden Löffel aus Metall und Edelmetall ausgeformt. Ursprünglich nur mit einem sehr kurzen Stiel versehen, wurde der Löffel später verlängert, vermutlich um eine Verunreinigung der mit üppigen Spitzen, Krägen und Manschetten versehenen Kleidung zu verhindern. Bereits in der Antike begegnet uns der Schöpflöffel, der mit einem längeren Stiel (um sich nicht zu verbrennen!) und mit einer tiefen Laffe ausgestattet war.

Von großer Bedeutung in der Entwicklung der Gefäßformen ist die *Ecuelle*. Der Begriff geht auf das Lateinische *scutella* zurück, von dem sich das Althochdeutsche *scuzzila* ableitet, das im Mittelhochdeutschen zu *schüzzel* und letztendlich zu Schüssel wird. Die Ecuelle ist eine tiefe Schüssel, die meist mit einem breiten Rand oder zwei Ohren versehen war, damit man den breiigen oder flüssigen Inhalt trinken konnte. Ursprünglich aus Holz gefertigt, wurde sie im 15. Jahrhundert aus glasierter Keramik hergestellt, später wurde die Ecuelle auch aus Zinn, Edelmetall, Fayence und Porzellan angefertigt. Sie begegnet uns auch mit Deckel und Unterteller. Im Deutschen gibt es keine spezifische

Die Hofküche in Schönbrunn 1880

Bezeichnung für dieses Tafelgeschirr, es blieb bei Umschreibungen wie Eßschüssel oder Ohrenschüssel.

Im 17. Jahrhundert wurde die Ecuelle vom vertieften Teller, dem Suppenteller, verdrängt. Sie lebte allerdings in der sogenannten Wöchnerinnenschüssel (Kindbettschüssel) weiter. In dieser reichte man Wöchnerinnen oder Kranken eine stärkende Suppe, ein Mus oder einen Brei. Im 19. Jahrhundert mutierte die Ecuelle zur Breischüssel für Kinder, die aus Silber hergestellt, zum beliebten Taufgeschenk wurde.

Die Ecuelle bzw. die mittelalterliche Eßschüssel sind auch die Urahnen der Suppentasse. In der zweiten Hälfte des 19. Jahrhunderts wurden aus Porzellan Bouillontassen hergestellt, die ebenso wie die Ecuelle mit Unterteller und Deckel versehen waren.

Eine weitere Entwicklungsstufe der Ecuelle war der Milchtopf. Milchtöpfe könnten zum Servieren von Frühstückssuppen gedient haben, häufig waren sie am Deckel mit Eiern, Gewürzen (Zimtstangen, Gewürznelken, Muskatnüssen), Nüssen, Mandeln und Zitrusfrüchten verziert. Die »frühe Suppe«, wie man sie am Habsburgerhof nannte, wurde ja auf Milch-, Rahm- oder Obersbasis hergestellt, sie war gezukkert und konnte je nach Geschmack mit obigen Ingredienzien verfeinert werden.

Die vertiefte Schüssel sowie die barocke Ziervase waren Paten der Suppenterrine. Der Name des neuen Gefäßes war *Terrine* – abgeleitet aus dem Lateinischen *terra* (Ton), dem Material, aus dem ursprünglich vertiefte Schüsseln erzeugt wurden. In der Terrine wurde eine bedeutende Speise präsentiert – sie diente nur diesem Zweck, war sozusagen Synonym für Feuerstelle und Eßtisch; daher erhielt sie den Platz in der Mitte bzw. an den vier Ecken der Tafel, wenn mehrere Suppen vorhanden waren. Im 17. Jahrhundert war die Terrine rund, sie konnte analog den Grapen und den französischen Cassoletten auch auf Beinen stehen.

Begünstigt wurde die Ausbreitung der Terrine durch das Entstehen von Porzellanmanufakturen in Europa (Meissen 1710; Wien 1718), aber auch durch die Fayencemanufakturen. Die bauchige Form der Gefäße und ihre Größe bot sich förmlich dazu an, künstlerisch gestaltet und dekoriert zu werden. Terrinen mit Blätter-, Gemüse-, Wild-, Fisch-, Meeres- und Zitrusfrüchtedekor entstanden, manchmal wurden sie auch in Form der Stoffe gestaltet, die sie beinhalteten – sie traten als Kohlkopf, Spargelbündel, Wildschweinkopf, Geflügel o. ä. in Erscheinung. Im Laufe des 18. Jahrhunderts kamen auch ovale Terrinen auf, für repräsentative Services wurden sie aus Gold, Vermeil oder Silber gefertigt. Im Empire erlebte die Suppenterrine mit Deckel und Présentoir in ihrer schlichten, aber mächtigen Form nochmals eine Hochblüte: sie zierte ja noch die elegante, nach dem *Service à la française* gedeckte Tafel.

Das 19. Jahrhundert brachte schließlich eine Vereinfachung der Formen, der Wandel der Serviermethode zum *Service à la russe* machte zu großen Luxus obsolet. Die Terrine, am Wiener Kaiserhof nun wieder schlicht *Suppentopf* genannt, stand nicht mehr auf der Tafel, sondern auf einem Krendeztisch. Von dort aus wurde die Suppe mit einem Schöpfer in den Suppenteller gegeben und angerichtet. Noch heute vermitteln selbst modern gestaltete Suppenterrinen eine Ahnung der großen Bedeutung von Suppe in der Ernährung.

SUPPE

(Alt)Wiener Suppentopf

Rindsuppe, Suppengemüse (Karotten, gelbe Rüben, Sellerie, Lauch), Rind- und Hühnerfleisch, Schnittlauch, gekochte Fadennudeln

Rindsuppe wird mit geschnittenem Suppengemüse, gewürfeltem Rind- und Hühnerfleisch, Nudeln sowie mit Schnittlauch bestreut serviert.

Französische Rindsuppe

Rindsuppe nach Grundrezept (siehe S. 78), gekochtes Rindfleisch, 1 mitgekochtes Suppenhuhn, gekochte Gemüse (geviertelter Kohl, Kohlsprossen, Erbsen, grüne Fisolen), 150 g feingeschnittene Champignons

Man schneidet das Suppengemüse in Scheiben und gibt es in die entfettete Suppe: die Kohlviertel, die Erbsen, die halbierten Kohlsprossen und die nudelig geschnittenen Fisolen werden ebenfalls dazugegeben. Hühner- und Rindfleisch in kleine Würfel schneiden und mit den Champignons in die Suppe geben. Einmal aufkochen lassen und in Suppentellern servieren.

Rindfleischtopf

Rindfleisch nach Grundrezept (siehe S. 78), nudelig geschnittener Kohl, 500 g geschälte, gewürfelte Erdäpfel

Der Kohl und die Erdäpfel werden 1/2 Stunde vor der Fertigstellung des Gerichts in die Suppe gegeben. Das Fleisch wird in kleine Würfel geschnitten und mit dem Gemüse in Suppe angerichtet. Man kann das Ganze mit Schnittlauch bestreuen. Die Wiener Kochikonen Olga und Alfred Hess meinten dazu: »Dieses vorzüglich mundende Eintopfgericht, das zu Anfang des [Ersten] Weltkrieges unter der Bezeichnung *Künstlersuppe* als einziger Gang der Hauptmahlzeit Verbreitung fand, bis die Ernährungsverhältnisse allmählich so ungünstig wurden, daß man sich wochenlang mit Wrucken begnügen mußte [erfreute sich allgemeiner Beliebtheit].«

Tellerfleischsuppe

1 1/2 kg saftiges Stück vom Kügerl (auch als Brustspitz bezeichnet), ein Bund Suppengemüse (Gelbe Rübe, Karotte, Petersilwurzel, Sellerie, Lauch), 1 Zwiebel, 2 Zehen Knoblauch, Pfefferkörner, Markknochen, Schnittlauch

Fleisch, Suppengemüse und Gewürze in kochendes Wasser einlegen und weichkochen. Das Fleisch in Scheiben schneiden. Mit gekochten Suppennudeln, dem geschnittenen Suppengemüse und einer in Suppe erwärmten Markknochenscheibe in einer Schüssel anrichten. Heiße Suppe darübergießen und mit Schnittlauch bestreuen.

SUPPENEINLAGEN

Abgebrannte Grießknöderl

100 g Grieß, 50 g Schmalz, 1/8 l kochende Rindsuppe, 1 Ei, Salz

Den Grieß mit Schmalz abbrennen und die Rindsuppe darübergießen. Gut abarbeiten und abkühlen lassen. Ein Ei darunterrühren und salzen. Kleine Knödel formen und in Rindsuppe aufkochen.

Backerbsen

2 Eier, 50 g Mehl, 4 Eßlöffel Milch, Salz, etwas Öl, Fett zum Backen

Aus den Zutaten einen Teig rühren, der so beschaffen sein muß, daß er tropfenweise durch ein Reibeisen läuft. Fett erhitzen und Teig hineintropfen lassen. Die Erbsen mit dem Schaumlöffel herausheben und auf Papier abtropfen lassen.

Bauernknödel

300 g gekochte, passierte Erdäpfel, 100 g Mehl, 50 g Grieß, Salz, 1 Ei, 100 g geriebene Grammeln

Aus den Zutaten einen Teig kneten. 1/2 cm dick ausrollen und in 5 cm große Quadrate schneiden. Etwas Grammeln daraufgeben, zu Knödeln formen und in Salzwasser 15 Minuten kochen.

Biskuitschöberl

2 Eier, Salz, 40 g Mehl

Eiklar mit Salz zu sehr steifem Schnee schlagen. Dann das Mehl und die Dotter unterziehen. Die Masse auf ein befettetes, bemehltes Backblech fingerdick aufstreichen und bei starker Hitze 12 Minuten backen. Stürzen und in beliebige Formen schneiden.

Böhmische Knöderl

100 g Mehl, 1 Ei, Salz, etwas Milch, 60 g Butter, 1 feingehackte Schalotte, gehackte Petersilie, 4 gewürfelte Semmeln

Aus Mehl, Ei, Milch und Salz einen dünnen Teig bereiten. Schalotte und Petersilie in Butter andünsten, Semmeln mitrösten und überkühlt unter den Teig arbeiten. Anziehen lassen, 4 bis 5 Knödel formen. In Salzwasser kochen und erkaltet in gleichmäßige Scheiben schneiden.

Brandteigkrapferl

1/8 l Wasser, 40 g Butter, 125 g Mehl, Salz, 3 Eier, Fett zum Ausbacken

Butter und Wasser aufkochen und das Mehl einrühren. Solange am Feuer lassen, bis sich der Teig vom Löffel löst. Kalt stellen. Salz und Eier unterrühren. Kleine Kugeln formen und in heißem Fett ausbacken. Auf Papier ablaufen lassen.

Bröselknöderl

100 g Butter, 60 g Schmalz, 1 Ei, 2 Dotter, Salz, in Milch angefeuchtete Semmelbrösel

Butter, Schmalz, Ei und Dotter flaumig abtreiben. Salzen. Die Brösel daruntermischen und das Ganze eine halbe Stunde anziehen lassen. Knöderl formen und in Salzwasser ziehen lassen. Man kann die Knödel auch aus dem Fett backen.

Brünner Schnitten

Semmelscheiben, 2 feingeschnittene Hühnerlebern, etwas feingeschnittenes Lammbeuschel, gehackte Petersilie, 50 g Butter, Semmelbrösel nach Bedarf, Salz, Pfeffer, 1 Ei, 2 Eßlöffel Rahm, Fett zum Ausbacken

Man dünstet die Leber, das Beuschel und die Petersilie in Butter. Danach läßt man die Masse erkalten und fügt die Gewürze, das Ei und den Rahm bei. Mit Bröseln zu einer streichfähigen Masse rühren. Die Masse auf Semmelschnitten streichen, mit einer zweiten abdecken und in heißem Fett ausbacken. Auf Papier abtropfen lassen.

Butternockerln

1 eigroßes Stück Butter, 1 Ei, 1 Dotter, 1 Eßlöffel Milch, Salz, 80 g Mehl

Butter mit Ei und Dotter abtreiben, salzen. Milch und Mehl daruntermengen. Kleine Nockerln formen und in Rindsuppe einkochen.

Champignonschöberl

100 g feinblättrig geschnittene Champignons, 60 g Butter, 2 in Wasser geweichte, gut ausgedrückte Semmeln, 3 Dotter, 3 Klar Schnee, 20 g Semmelbrösel, Salz, Pfeffer

Die Champignons in etwas Butter dünsten und kaltstellen. Die Butter schaumig rühren, Semmeln, Dotter, Salz, Pfeffer dazugeben und mit den Champignons vermischen. 3 Klar Schnee und Semmelbrösel darunterziehen und in einer gebutterten, mit Mehl gestaubten Form bei mäßiger Hitze backen. Erkaltet in kleine Würfel schneiden.

Chinesenzopf

100 g Butter, 4 Dotter, 2 in Milch geweichte, gut ausgedrückte Semmeln, 150 g würfelig geschnittener Schinken, 1 Kaffeetasse gekochte Erbsen, ebensoviele gelbe und rote Rüben, 2 gewürfelte, hartgekochte Eier, Salz, Pfeffer, 2 Tassen gebratenes, geschnittenes Fleisch, 1/2 Becher Rahm, 4 Klar Schnee

Butter mit den Dottern abtreiben, die übrigen Zutaten darunterrühren. Zum Schluß den Schnee unterziehen. Die Masse mit einer bebutterten Serviette zu einer Wurst rollen und ca. 1 Stunde in Salzwasser kochen. In Scheiben schneiden.

Eierstich

1/8 l Milch, 4 Dotter, 1 Ei, Salz, gehackte Petersilie, Butter, Mehl

Milch mit Dottern, Ei, Salz und Petersilie versprudeln. Eine lange, schmale Form ausbuttern und bemehlen. Die Masse einfüllen und ganz langsam im Wasserbad kochen. Man kann den Eierstich auch mit Paradeismark oder Spinatsaft färben. Varianten können folgendermaßen erzielt werden: Man rührt in die halbe Masse 60 g faschiertes Geflügelfleisch, das mit etwas Béchamelsauce gebunden ist, oder Wildfleisch mit brauner Sauce, Fisch-, Hummer- oder Krebsenfleisch ebenfalls mit Béchamelsauce, Rahm und Eidotter oder gedünstetes Gemüse mit Béchamelsauce.

Eierwandel

50 g Butter, 3 Dotter, 1 Mokkalöfferl feingehackte Schalotten, gehackte Petersilie, Muskatnuß, Neugewürz, 3 hartgekochte, feingeschnittene Eier, Salz, 6 Klar Schnee

Butter und Dotter abtreiben, dann die übrigen Zutaten dazugeben. Den Schnee untermischen. Eine Form mit Butter bestreichen, die Masse einfüllen und 1/2 Stunde im mittleren Rohr backen.

Eingetropftes

1 Ei, 3 Eßlöffel Mehl, 2 Eßlöffel Milch, Salz

Alle Zutaten zu einem dickflüssigen Teig verrühren und durch ein grobes Sieb in die kochende Suppe streichen.

Erbsenconsommé

150 g gekochte und passierte Erbsen, 2 Dotter, 1 Ei, Salz, Pfeffer, 1/16 l Milch

Erbsen mit den übrigen Zutaten gut verrühren. Eine Form ausbuttern und bemehlen, die Masse einfüllen. Im Wasserbad langsam kochen und erkaltet in Scheiben schneiden.

Erdäpfeldunstkoch

70 g Butter, 3 Dotter, 250 g gekochte, passierte Erdäpfel, 30 g Mehl, Salz, Muskatnuß, 1 Eßlöffel Milch, 3 Klar Schnee

Die Butter flaumig rühren und alle Zutaten einmischen. Zum Schluß den Schnee unterziehen. In eine gebutterte, bemehlte Form füllen und langsam im Dunst kochen.

Erdäpfelknöderl

140 g gekochte, geschälte, geriebene Erdäpfel, 70 g Butter, 2 Eier, Brösel nach Bedarf, etwas Mehl, gehackte Petersilie, 1 Kaffeelöffel ganz feingehackte Schalotte, Salz

Butter und Eier flaumig abtreiben. Die Erdäpfel, Brösel, Mehl, Schalotte und Gewürze dazugeben. Es soll ein nicht zu weicher Teig entstehen. Kleine Knödel formen und in Suppe einkochen.

Erdäpfelnockerln

60 g Butter, 2 Eier, 2 Dotter, 1 Eßlöffel Mehl, 8 Eßlöffel gekochte, feingeriebene Erdäpfel, Salz, Muskatnuß, gehackte Petersilie

Butter, Eier und Dotter flaumig abtreiben. Die übrigen Zutaten dazugeben und verrühren. Würzen. Nockerln ausstechen und 3 bis 4 Minuten in Salzwasser kochen.

Erdäpfelschöberl

120 g Butter, gehackte Petersilie, 1/16 l Grieß, 1/18 l Mehl, 160 g gekochte, passierte Erdäpfel, 6 Dotter, Salz, Muskat, 12 Klar Schnee

Butter flaumig rühren, dann Petersilie, Dotter, Grieß und Mehl daruntermischen. Mit den Erdäpfeln verrühren und würzen. Den Schnee darunterziehen und in einer befetteten, bemehlten Form backen. Erkaltet in Würfel schneiden.

Erdäpfelwandel

60 g Butter oder 40 g Rindsschmalz, 2 Dotter, Salz, 100 g gekochte, passierte Erdäpfel, 2 Eßlöffel gekochte Erbsen, 2 Eßlöffel gekochte, kleingewürfelte Karotten, 2 Klar Schnee

Fett und Dotter abtreiben und würzen. Dann Erdäpfel, Erbsen und Karotten beifügen. Schnee unterziehen und in eine befettete, bemehlte Form geben. 1/2 Stunde im Dunst kochen, erkalten lassen, stürzen und in Scheiben schneiden.

Faschierte Semmeln

6 feingehackte Hühnerlebern, gehackte Petersilie, 1/2 in Milch geweichte, gut ausgedrückte Semmel, Butter, Salz, etwas gemahlenes Neugewürz, Semmeln, verquirltes Ei, Fett zum Ausbacken

Die Hühnerlebern in etwas Butter dünsten. Petersilie dazugeben. Dann mit der Semmel vermischen und würzen. Semmeln in 1 cm dicke Scheiben schneiden und mit einer Seite durch das Ei ziehen. Auf diese Seite etwas von der Masse aufstreichen. Fett erhitzen, die Semmeln mit der bestrichenen Seite zuerst einlegen und gelb backen.

Fleischknödel

10 g Butter, 3 Eier, 200 g faschierte Fleischreste, 20 g feingeschnittene Zwiebeln, gehackte Petersilie, 20 g Bratenfett, 50 g Semmelbrösel, Salz, Pfeffer, Majoran

Butter flaumig rühren, Eier, in Fett angeröstete Zwiebeln, Petersilie und Fleisch hineingeben. Würzen und die Masse mit Semmelbröseln festigen. Kleine Knödel formen und 5 Minuten in Salzwasser kochen.

Fleischkrapferl

Nudelteig, zu kleinen runden Kreisen ausgestochen, 200 g faschierte kalte Geflügel- oder Kalbsbratenreste, 40 g Butter, Semmelbrösel, gehackte Petersilie, Salz, geriebene Muskatblüte, etwas Rindsuppe, 1 versprudeltes Ei

Fleisch mit Semmelbröseln in Butter dünsten. Etwas Suppe und die Gewürze dazugeben, eindicken lassen. Die erkaltete Masse mit einem Kaffeelöffel auf die mit Ei bestrichenen Teigblätter setzen, mit einem zweiten Teigblatt abdecken und die Ränder fest andrücken. In Suppe einkochen.

Fleischkuchen

ca. 150 g feingeschnittene Geflügel- oder Kalbfleischreste, 40 g Butter, etwas Rindsuppe, Salz, Pfeffer, Mehl, 1 in Milch geweichte, gut ausgedrückte Semmel, 1 Ei, 2 Dotter

Die Fleischreste in Butter und etwas Rindsuppe kurz dünsten, mit Mehl binden, salzen und pfeffern. Die Masse erkalten lassen. Danach die Semmel, Ei und Dotter einrühren. Eine Form ausbuttern, die Masse einfüllen und im Dunst kochen. Erkalten lassen, aus der Form stürzen und in Würfel schneiden.

Frittaten

1/4 l Milch, 120 g Mehl, 1 Ei, Salz, Schmalz

Milch, Mehl, Ei und Salz zu einem glatten Teig verrühren. In einer Pfanne wenig Schmalz heiß werden lassen und einen Schöpfer Teig hineingeben. Die Palatschinken auf beiden Seiten braun backen. Danach werden sie zusammengerollt und in feine Streifen geschnitten.

Frittatenroulade

4 Frittaten (Palatschinken), 1 Klar (zum Bestreichen der Frittaten), 1/8 l Milch, 20 g Butter, 30 g Mehl, 2 Dotter, Salz, Pastetengewürz, 300 g faschierte Kalbsschulter, 20 g feingeschnittene Champignons, 20 g Butter

Die Frittaten überlappend zu einem Viereck auflegen und mit Eiklar aneinanderkleben. Die Milch aufkochen und Butter und Mehl einrühren. Solange am Herd lassen, bis die Masse eine Knödelform angenommen hat. Wenn die Masse erkaltet ist, die übrigen Zutaten (bis auf Champignons und Butter) daruntermischen. Die Masse auf die Frittaten aufstreichen und mit in Butter gedünsteten Champignons bestreuen. Das Ganze einrollen, in eine befettete Serviette wickeln und zubinden. Ca. 1 Stunde in Salzwasser kochen.

Gebackene Bröselknöderl

Masse wie bei Bröselknöderl (siehe S. 39), Fett zum Ausbacken

Die Knödel werden in heißem Fett gelb gebacken und auf Papier abgetropft.

Gebackene Kugeln

Nudelteig, Schmalz, 1 gekochter und gewürfelter Hühnermagen, 150 g blättrig geschnittene, in Butter gedünstete Champignons

Den Nudelteig 1 cm dick auswalken und mit einem fingerhutgroßen Ausstecher ausstechen. Die Kugeln in heißem Schmalz backen. Mit Hühnermagen und Champignons in die heiße Rindsuppe geben.

Gebackene Erdäpfelknöderl

12 gekochte, geschälte, geriebene Erdäpfel, 70 g Butter, 4 Dotter, 1 Eßlöffel Mehl, Salz, Fett zum Ausbacken

Die Butter mit den Dottern flaumig abtreiben, dann die Erdäpfel einrühren. Mehl und Salz daruntermischen und kleine Knödel formen. Die Knödel in heißem Fett ausbacken und auf Papier abtropfen lassen.

Gebackene Zwiebelringe

2 Schalotten, Mehl, Fett zum Ausbacken

Die Schalotten in feine Ringe schneiden und diese in Mehl wälzen. In heißem Fett braun backen und auf Papier abtropfen lassen. In heiße Rindsuppe als Einlage geben. Man kann dazu noch rund ausgestochenes, geröstetes Weißbrot geben.

Gefüllte Semmeln

6 altbackene Joursemmeln, 50 g gekochtes Kalbsohr, 50 g gekochtes Kalbsbries, 40 g Butter, 50 g gekochte grüne Erbsen, 50 g feingeschnittene Champignons, Salz, Milch, 2 Eier, Semmelbrösel, Fett zum Ausbacken

Von den Semmeln den Deckel abschneiden und die Semmeln aushöhlen. Ein bisschen mit Milch befeuchten. Kalbsohr und Bries feinst hakken und in Butter mit den Erbsen und Champignons dünsten. Leicht salzen. Die Semmeln damit füllen. Den Deckel daraufsetzen, in verquirlten Eiern und in Bröseln panieren. In heißem Fett schwimmend goldgelb ausbacken.

Gemüseschöberl

Biskuitschöberlmasse (siehe S. 38), kleinwürflig geschnittenes, gekochtes Wurzelgemüse, 2 Eßlöffel gekochte Erbsen

Die Schöberl nach Grundrezept zubereiten und vor dem Backen auf die aufgestrichene Masse Gemüse und Erbsen streuen.

Gewürzte Würferl

1 Ei, 1 Bund Schnittlauch, fein geschnitten, Salz, 1 Eßlöffel Mehl, Butter

Eiklar zu Schnee schlagen, Dotter, Mehl, Salz und Schnittlauch unterziehen. In Butter wie ein Omelette braten, dann in Würfel schneiden.

Goldene Würferl

3 alte Semmeln, 1 Ei, Salz, Fett zum Ausbacken

Die Semmeln in Würfel schneiden und durch das verquirlte, gesalzene Ei ziehen. In heißem Fett backen und auf Papier ablaufen lassen.

Grammelknöderl

Semmelknöderlmasse (siehe S. 62), 2 Eßlöffel feingewiegte Grammeln

Semmelknödelmasse nach Grundrezept bereiten und die Grammeln daruntermischen.

Grazer Schöberl

Biskuitschöberlmasse (siehe S. 38), 4 Eßlöffel gekochte Erbsen

Schöberl nach Grundrezept zubereiten und vor dem Backen die Erbsen auf die Masse streuen.

Grießgerstel

1/8 l Grieß, etwas Wasser, Salz, 1 Ei

Grieß mit den Zutaten zu einem trockenen Teig vermengen. Anziehen lassen. Dann wird die Masse zerbröselt und getrocknet. 10 Minuten in Rindsuppe kochen.

Grießnockerln

50 g Butter, Salz, Muskatnuß, 2 Eier, 1/8 l Grieß, Salz

Butter und Muskatnuß schaumig rühren, die Eier, Salz und den Grieß dazugeben. Gut verrühren und 1/2 Stunde anziehen lassen. Kleine Nockerln formen und in Salzwasser oder Rindsuppe kochen.

Man kann die Masse auch mit frischen, gehackten Kräutern vermischen, um *Kräuternockerln* zu erhalten.

Grießknöderl

40 g Butter, 1 Ei, 1 Dotter, 60 g Grieß, Salz, Muskatnuß, wenig Wasser

Butter, Ei und Dotter abtreiben, Grieß und wenig Wasser einrühren. Würzen und die Masse 1/2 Stunde anziehen lassen. Kleine Knödel formen und 12 bis 15 Minuten in Salzwasser kochen.

Grießpflanzel

125 g Butter, 4 Eier, 250 g Grieß, 4 Eßlöffel Rahm, Salz

Butter und Eier abtreiben, mit Grieß, Rahm und Salz vermischen. Die Masse auf ein gebuttertes Blech fingerdick aufstreichen und im Rohr langsam backen. Das Pflanzel stürzen, in Würfel schneiden und in die heiße Rindsuppe geben.

Grießschöberl

50 g Butter, 2 Eier, 3 Eßlöffel Grieß, Salz, etwas gestoßene Muskatblüte

Butter und Eier flaumig abtreiben, Grieß unterrühren und würzen. Man läßt in einer Kasserolle etwas Schmalz heiß werden, gibt die Masse hinein und bäckt sie mit Ober- und Unterhitze. Danach erkalten lassen, stürzen und in Schnitten schneiden.

Grießstrudel

100 g gewürfelter Frühstücksspeck, gehackte Petersilie, 2 Eier, 2 Eßlöffel Grieß, Schmalz, Strudelblätter, 1 verquirltes Ei

Den Speck erhitzen und die Petersilie anrösten. Erkalten lassen und die Eier unterrühren. Die Masse auf die mit Ei bestrichenen Strudelblätter streichen. Grieß in etwas Schmalz rösten und auf der Eimasse verteilen. Zusammenrollen, kleine Stücke abschneiden und gut zusammendrükken. 10 Minuten in heißer Suppe ziehen lassen.

»Harte« Reissuppe

1 Kaffeeschale Reis, 1 1/2 Kaffeeschalen Wasser, Salz, 40 g Butter

Den Reis in Butter andünsten, mit Wasser aufgießen und salzen. Einmal aufkochen lassen, mit einem Deckel zudecken und 20 Minuten im mittelheißen Rohr dünsten. Als Einlage in die Rindsuppe geben und einmal aufkochen lassen.

Heidensterz

Salz, 100 g Heidenmehl (Buchweizenmehl), 100 g gewürfelter Speck

1/2 l Salzwasser zum Kochen bringen und mit dem Mehl, das vorher trocken geröstet wurde, bedecken. 12 Minuten kochen lassen. Dann umdrehen und nochmals 12 Minuten kochen lassen. Das überschüssige Wasser abgießen. Den Speck hellgelb anrösten, die Mehlmasse dazugeben, zerkleinern und 15 Minuten ausdünsten lassen. Auf die Teller verteilen und heiße Rindsuppe darübergießen.

Helgoländer Knödel

140 g gekochte, geriebene Erdäpfel, 70 g Butter, 2 Eier, 1 Kaffeelöffel feingeschnittene Zwiebel, gehackte Petersilie, Semmelbrösel, Salz, Mehl

Butter und Eier gut abtreiben. Erdäpfel, Zwiebel und Petersilie daruntermischen. Würzen und mit Semmelbröseln und Mehl binden. Nußgroße Knödel formen und in Rindsuppe einkochen.

Hirnknöderl

50 g Butter, 1 Ei, 1 Dotter, 1/2 passiertes Kalbshirn, Salz, Pfeffer, Semmelbrösel

Butter, Ei und Dotter gut verrühren, das Kalbshirn dazugeben. Würzen und mit Bröseln vermischen. Die Masse anziehen lassen, kleine Knödel formen, in Salzwasser 6 bis 8 Minuten kochen und mit Rindsuppe servieren.

Hirnpofesen

1 blanchiertes, abgezogenes Kalbshirn, 50 g Butter, 1 feingehackte Schalotte, gehackte Petersilie, Salz, Neugewürz, Pfeffer, 1/2 Kaffeelöffel Mehl, 2 verquirlte Eier, Milch, Semmelscheiben, Fett zum Ausbacken, eventuell geriebener Käse

Das Kalbshirn passieren. Schalotte und Petersilie in Butter anlaufen lassen, das Hirn dazugeben. Würzen und mit Mehl stauben. Semmelscheiben mit der Masse bestreichen, mit einer zweiten Scheibe abdecken und kurz in Milch tauchen. Die Scheiben durch das Ei ziehen und in heißem Fett ausbacken. Auf Papier ablaufen lassen. Man kann die Pofesen vor dem Ausbacken noch in geriebenem Käse panieren.

Hirnpudding

1 blanchiertes, gehäutetes Kalbshirn, 100 g Butter, 3 Dotter, Salz, 3 Klar Schnee, in Milch befeuchtete Semmelbrösel

Das Kalbshirn fein faschieren. Butter und Dotter abtreiben und mit dem Hirn vermischen. Salzen, die Brösel und den Schnee unterziehen. Auf ein gebuttertes Backblech streichen und im Rohr gelb backen. Die Masse mit verschiedenen Formen ausstechen oder in Würfel schneiden.

Hirnschöberl

Biskuitschöberlmasse (siehe S. 38), 60 g blanchiertes, passiertes Kalbshirn, Pfeffer

Die Dotter mit Hirn und Pfeffer verrühren. Dann wie das Grundrezept fertigstellen.

Kaiserconsommé

70 g Butter, 2 Kochlöffel Mehl, 1/8 l Rindsuppe, Salz, Muskatblüte, 21 Dotter, 100 g gebratenes, kleingeschnittenes Kalbfleisch

Butter, Mehl und Suppe mit den Gewürzen über Dunst dick schlagen und bis zum Erkalten rühren. Dann mit den Dottern und dem Kalbfleisch vermischen. Kleine Becher werden mit Butter ausgestrichen, die Masse eingefüllt und im Wasserbad stocken gelassen. Stürzen und in Rindsuppe servieren.

Kaiserdunstkoch

1/8 l Rindsuppe, 4 Dotter, 1 Ei, Salz

Alle Zutaten gut verrühren. In eine gebutterte, bemehlte Form geben und langsam im Dunst kochen.

Kaisereier

14 Dotter, 1/2 l kräftige Geflügelsuppe, Salz, Muskatnuß, Butter

Die Dotter flaumig abtreiben, dann die Suppe beifügen und mit Salz und Muskatnuß würzen.

Eine runde, flache Form ausbuttern, die Masse einfüllen und im Wasserbad stocken lassen. Mit einem Kaffeelöffel Nockerln ausstechen und in die Suppe einlegen.

Kaisernockerln

6 Eier, Salz, Muskatnuß, Rindsuppe

Man verquirlt die Eier in einem Topf, der 1/4 l faßt, und füllt ihn mit Rindsuppe auf. Die Masse mit Salz und Muskat würzen und den Topf in ein Gefäß mit siedendem Wasser ins Rohr stellen. Stocken lassen und mit einem Kaffeelöffel Nockerln ausstechen.

Kaiserschöberl

Biskuitschöberlmasse (siehe S. 38), 30 g zerlassene Butter, 30 g feingeriebener Parmesan

Parmesan und Butter in die Masse einrühren und nach dem Grundrezept beenden.

Kaiserwandel

2 Eßlöffel Mehl, 3/10 l Rindsuppe, 2 Eier, 2 Dotter, feingeschnittener Schnittlauch, Salz

Mehl und Suppe gut absprudeln. Dann Eier, Dotter, Schnittlauch und Salz dazugeben. In eine ausgebutterte Form füllen und im Wasserbad stocken lassen. Warm mit dem Kaffeelöffel kleine Nockerln ausstechen, erkaltet stürzen und in Stückchen schneiden.

Kalbfleischknödel

250 g faschiertes Kalbfleisch, 70 g Butter, 2 Dotter, 1 in Milch geweichte, gut ausgedrückte Semmel, Salz, Muskatnuß, 1 Eßlöffel Rahm, 1 Klar Schnee, eventuell Semmelbrösel

Butter und Dotter flaumig abtreiben. Das Fleisch, den Rahm und die Semmel hinzufügen und würzen. Den Schnee unterziehen. Falls die Masse zu weich ist, Semmelbrösel daruntermischen. Kleine Knödel formen und in Rindsuppe kochen. Man kann die Knödel auch auf gebuttertem Blech im Rohr oder paniert aus dem Schmalz backen.

Kernfettknöderl

2 in Milch geweichte und ausgedrückte Semmeln, gehackte Petersilie, 50 g gewürfeltes Kernfett (Rindernierenfett), 3 ganze Eier, Mehl, Salz

Die Semmeln fein zusammenschneiden und mit der Petersilie vermischen. Das Kernfett zergehen lassen, in einen Weitling geben und mit den Eiern abtreiben. Die Semmelmasse dazugeben, salzen und mit so viel Mehl binden, daß ein fester Teig entsteht. Kleine Knödel formen und in heißer Rindsuppe kochen.

Kohlminestra

1 kleiner Kohlkopf, 1 feingewiegte Schalotte, 50 g Butter, 150 g feingewürfeltes Kalbfleisch (Schulter, Vögerl), Salz, 1/2 Kaffeetasse Reis, 1 Kaffeetasse Rindsuppe

Den Kohl vom Strunk befreien und feinnudelig schneiden. Schalotte in Butter andünsten, das Kalbfleisch dazugeben und rösten. Kohl, Reis und Suppe dazugeben und weichdünsten lassen. Mit Salz abschmecken. Kleine, flache Förmchen mit Butter ausstreichen, die Masse hineindrükken und auf Suppenteller stürzen. Die Rindsuppe vorsichtig eingießen.

Kohlschöberl

1 Häuptel Kohl, 40 g Butter, 2 Dotter, 2 Klar Schnee, 4 Eßlöffel Semmelbrösel, Pfeffer, Salz

Den Kohl in Salzwasser weichkochen und passieren. Butter und Dotter abtreiben und den Kohl dazugeben. Würzen und mit den Semmelbröseln binden. Den Schnee darunterziehen. In eine ausgebutterte Form füllen und im Rohr lichtgelb backen.

Krebsknöderl

2 in Milch geweichte und ausgedrückte Semmeln, 4 feingeschnittene, gekochte Krebsschweiferl, Schale 1/2 Zitrone, 40 g Krebsbutter, 2 ganze Eier, 1 Dotter, ein Stückchen gekochte Petersilwurzel, Semmelbrösel, 2 Eßlöffel Rahm, Salz

Die Krebsbutter mit den Eiern und dem Dotter gut abtreiben. Semmeln, Krebse, kleingeschnittene Petersilwurzel und Gewürze mit dem Abtrieb und dem Rahm vermischen. So viel Semmelbrösel dazugeben, daß man Knödel formen kann. In heißer, kräftiger Rindsuppe kochen.

Krebswandel

12 gekochte, ausgelöste Flußkrebse, 120 g Butter, 4 Dotter, Salz, gehackte Petersilie, 80 g Semmelbrösel, 4 Klar Schnee

Die Krebse faschieren oder mit dem Wiegemesser ganz fein hacken. Butter und Dotter abtreiben, das Krebsfleisch beifügen. Salz und Petersilie einmischen. Brösel und Schnee unterziehen. Kleine Becherl oder Wandeln ausbuttern, bemehlen und zur Hälfte mit der Krebsmasse füllen. Im Wasserbad garen.

Kuchentaferl

Frittatenteig (siehe S. 43), 40 g Butter, 3 Dotter, Salz, 3 Klar Schnee

Frittaten backen. Butter und Dotter flaumig abtreiben und die feingeschnittenen Frittaten daruntermischen. Salzen und den Schnee unterziehen. Die Masse wurstförmig (nicht zu dick!) in eine Serviette einrollen und in Salzwasser ca. 20 Minuten kochen. Ausrollen, in fingerdicke Scheiben schneiden und in die Suppe geben.

Leberconsommé

150 g geschabte Kalbsleber, 1 feingeschnittene Schalotte, Salz, 1 Schöpflöffel kräftige Rindsuppe, 4 Dotter, 40 g Butter

Die Schalotte und die Leber in Butter dünsten und überkühlen lassen. Rindsuppe und Dotter einrühren. Eine rechteckige Form ausbuttern, die Masse einfüllen und im Wasserbad stocken lassen. Erkaltet aus der Form stürzen, in Würfel schneiden und zur Suppe servieren.

Leberknödel

30 g Butter, 1 feingehackte Schalotte, gehackte Petersilie, 120 g faschierte Rindsleber, 50 g geschabte Rindsmilz, 2 in Wasser geweichte, gut ausgedrückte Semmeln, 1 Ei, Salz, Pfeffer, Majoran, 2 zerdrückte Knoblauchzehen, Semmelbrösel

Schalotte und Petersilie in Butter anlaufen lassen. Mit der Leber, der Milz, den Semmeln und dem Ei gut verrühren und würzen. Mit Semmelbröseln die Masse versteifen und kleine Knödel formen. In Salzwasser oder Rindsuppe kochen.

Lebernockerln

300 g geschabte Kalbsleber, 140 g geschnittenes Rindsmark, 1 Kaffeelöffel in Butter geröstete Schalotten, 1 in Milch geweichte, ausgedrückte Semmel, Pfeffer, Salz, Majoran, 1 Dotter, 1 Ei, 3 Eßlöffel Semmelbrösel

Alle Zutaten (bis auf die Semmelbrösel) gut stoßen und durch ein Sieb streichen. Mit den Bröseln binden und eine halbe Stunde rasten lassen. Nockerln abstechen und 5 Minuten in Rindsuppe kochen.

Leberreis

50 g Butter, 1 feingehackte Schalotte, gehackte Petersilie, 100 g faschierte Kalbsleber, 50 g geschabte Rindsmilz, 1 Ei, 1 Dotter, 1 in Wasser geweichte, gut ausgedrückte Semmel, Salz, Majoran, Neugewürz

Petersilie und Schalotte in Butter andünsten. Abkühlen lassen und die übrigen Zutaten dazugeben. Durch ein verkehrt aufgelegtes Reibeisen in die siedende Suppe drücken.

Leberschöberl

Biskuitschöberlmasse (siehe S. 38), 60 g geschabte Kalbsleber, gehackte Petersilie, Pfeffer

Die Schöberlmasse mit den übrigen Zutaten vermischen und nach Grundrezept fertigstellen.

Lungenstrudel

200 g gekochtes, feingehacktes Kalbsbeuschel, 20 g feingehackte Zwiebel, gehackte Petersilie, Salz, Pfeffer, Majoran, 1 Ei, 50 g Butter, Strudelblätter

Zwiebel und Petersilie in Butter anrösten, das Beuschel dazugeben. Mit dem Ei vermischen und würzen. Auf Strudelblätter streichen und einrollen. Mit einem gestaubten Kochlöffelstiel 3 cm lange Stücke abteilen, durchschneiden und fest zusammendrücken. In Suppe oder Salzwasser kochen. Man kann den Strudel auch im Ganzen lassen, auf ein befettetes Backblech geben und im Rohr langsam backen. Danach wird er in Scheiben geschnitten. Wenn man statt des Beuschels Bratenreste verwendet, erhält man *Fleischstrudel.*

Markknöderl

150 g ausgelassenes Ochsenmark, 2 Eier, 2 Dotter, Semmelbrösel, Salz, Muskatnuß

Das Mark mit Eiern und Dottern gut abtreiben und würzen. So viel Semmelbrösel beifügen, daß man aus der Masse kleine Knödel formen kann. In heiße Suppe einlegen und 10 Minuten ziehen lassen.

Markkrusteln

3 Semmeln, 500 g Rindsmark, 50 g Butter, gehackter Schnittlauch

Die Semmeln in Scheiben schneiden und in Butter lichtgelb backen. Das Mark blanchieren, in Scheiben schneiden und die Semmeln damit belegen. Mit Schnittlauch bestreuen und im Rohr überbacken.

Marknockerln

100 g geschmolzenes, geseihtes Rindsmark, 2 Eier, 2 in Wasser geweichte, gut ausgedrückte Semmeln, Salz, 10 g Butter, gehackte Petersilie, 50 g Semmelbrösel, Muskatnuß

Mark flaumig rühren und mit Eiern, Semmeln und Salz abtreiben. Petersilie und Semmelbrösel in Butter anrösten und mit dem Abtrieb vermengen. Abschmecken. 30 Minuten rasten lassen, mit einem kleinen Löffel Nockerln abstechen und 10 Minuten in Salzwasser ziehen lassen.

Markschöberl

Biskuitschöberlmasse (siehe S. 38), 40 g kleinwürflig geschnittenes Rindsmark, gehackter Schnittlauch

Die Schöberlmasse mit den Zutaten vermischen und im Rohr backen.

Mehlnockerln

80 g Butter, 2 Eier, 150 g Mehl, Salz, 1/16 l Milch

Butter und Eier flaumig abtreiben, dann Mehl, Salz und Milch dazurühren und den Teig glatt abschlagen. Mit einem kleinen Löffel Nokkerln abstechen und in Salzwasser 10 Minuten kochen lassen.

Mehlpflanzel

140 g Butter, 6 Dotter, 5 Eßlöffel Mehl, Salz

Butter und Dotter flaumig abtreiben, Mehl und Salz einrühren. Die Masse in eine ausgebutterte Form füllen und im Rohr hellgelb backen. Abkühlen lassen, stürzen und in beliebige Stücke schneiden.

Mehlschöberl

2 Dotter, Salz, 2 Klar Schnee, Prise Mehl

Die Dotter schaumig rühren und mit Salz und Mehl vermischen. Den Schnee darunterziehen und die Masse in eine gebutterte, bemehlte Form füllen. Im Rohr gelb backen, erkalten lassen, stürzen und in beliebige Stücke schneiden.

»Millionensuppe«

1 Dotter, Grieß

Den Dotter mit so viel Grieß vermengen, daß eine ganz trockene Masse entsteht. In Rindsuppe einkochen.

Milzknödel

100 g Butter, 2 ganze Eier, 1 Dotter, Salz, Majoran, 150 g geschabte Kalbsmilz, 200 g mit Milch befeuchtete Semmelbrösel

Butter, Eier und Dotter abtreiben, würzen und die Kalbsmilz darunterrühren. Mit den Semmelbröseln binden und 1/2 Stunde rasten lassen. Sollte der Teig zu weich sein, noch Semmelbrösel dazugeben. Kleine Knödel formen und in Rindsuppe einkochen.

Milzpastete

150 g geschabte Kalbsmilz, 1/4 l Milch, 4 Eier, 40 g Mehl, Salz, Pfeffer, Majoran, gehackter Schnittlauch

Die Milz mit Milch, Eiern, Mehl, Gewürzen und gehacktem Schnittlauch vermischen. Eine lange Form ausbuttern und bemehlen. Die Masse einfüllen und im Rohr backen. In Scheiben schneiden.

Milzroulade

a) 60 g Butter, 2 Eier, 3 in Wasser geweichte, gut ausgedrückte, passierte Semmeln, gehackte Petersilie, Salz, Pfeffer, 50 g Semmelbrösel, 150 g geschabte Rindsmilz, 10 g Fett, 20 g feingeschnittene Zwiebeln, Majoran, 30 g Semmelbrösel

Butter, Eier, Petersilie, Salz, Pfeffer, Semmeln und Semmelbrösel verrühren. Die Masse halbieren. Aus der ersten Hälfte formt man eine 20 bis 30 cm lange Rolle. Die zweite Hälfte wird mit der Milz, in Fett angerösteten Zwiebeln, Majoran und Semmelbröseln vermischt. Diese Masse auf eine gut gefettete Serviette streichen, die weiße Rolle darauflegen und mit der dunklen Masse einhüllen. Die Serviette einrollen, zubinden und in Salzwasser 1 Stunde kochen. Überkühlt in Scheiben schneiden.

b) 40 g Schmalz, 3 Dotter, 150 g geschabte Milz, 150 g mit Milch befeuchtete Semmelwürfel, gehackte Petersilie, 1 feingehackte Schalotte, 3 Klar Schnee, Salz, Pfeffer, Mehl und Semmelbrösel nach Gefühl

Schmalz und Dotter flaumig abtreiben, Milz, Schalotte, Petersilie daruntermischen und würzen. Zuletzt die mit Milch befeuchteten Semmelwürfel, Mehl und Semmelbrösel dazugeben und den Schnee vorsichtig unterheben. Auf einer bebutterten Serviette eine Rolle formen und abbinden. In Salzwasser 3/4 Stunden langsam kochen, anschließend in Scheiben schneiden.

Milzschnitten

1 geschabte Rindsmilz, 1 Ei, 50 g Butter, 1 feingehackte Schalotte, Salz, Pfeffer, Majoran, Semmelscheiben, Fett zum Ausbacken

Schalotte in Butter anrösten und auskühlen lassen. Die übrigen Zutaten darunterrühren. Die Masse fingerdick auf die Semmelscheiben aufstreichen und in heißem Fett ausbacken, wobei man die bestrichene Seite zuerst ins Fett legt. Auf Papier ablaufen lassen.

Milzschöberl

Biskuitschöberlmasse (siehe S. 38), 60 g geschabte Rindsmilz, gehackte Petersilie, Pfeffer

Die Schöberlmasse mit den Zutaten vermischen und nach Grundrezept zubereiten.

Nudelschöberl

feine Nudeln aus Nudelteig (siehe nächstes Rezept), in Salzwasser gekocht, 2 Dotter, 2 Klar Schnee, 125 g gehacktes, gekochtes Rindfleisch, Salz, Pfeffer, etwas Neugewürz

Die Dotter schaumig rühren und die Nudeln daruntermischen. Den Schnee unterziehen. Eine Form ausbuttern. Die Hälfte der Nudelmasse einfüllen. Dann das Rindfleisch daraufstreuen und würzen. Mit der restlichen Nudelmasse bestreichen und im Rohr goldgelb backen. Nach dem Erkalten in Würfel schneiden.

Nudelteig

1 Ei, 120 g Mehl, Salz, ca. 1 Eßlöffel Wasser

Die Zutaten zu einem festen Teig abarbeiten. Mit dem Nudelwalker ganz dünn ausrollen und den Teig trocknen lassen. Einrollen und zu feinen Nudeln schneiden. Man kann aber auch breitere Nudeln oder Fleckerl schneiden. Die Nudeln ca. drei Minuten in Salzwasser kochen. Man kann die Nudeln auch direkt in der Rindsuppe kochen, durch die Mehlbeigabe wird sie dann etwas trüb.

Obersschöberl

1 Eßlöffel Mehl, 1/4 l Obers, 4 Eier, 2 Dotter, Salz

Mehl mit wenig Obers glattrühren. Danach Eier und Dotter einmischen und zuletzt das restliche Obers. Salzen. Eine Form mit Butter bestreichen, die Masse einfüllen und langsam im Rohr backen. Erkalten lassen, stürzen und in fingerbreite, fingerlange Nudeln schneiden.

Paradeisconsommé

1/8 l Milch, 3 Dotter, 1 Ei, Salz, 50 g Paradeismark

Alle Zutaten gut vermischen und in einer gebutterten, bemehlten Form langsam im Wasserbad kochen. In Scheiben schneiden.

Parmesangerstel

100 g Butter, 3 Dotter, 120 g geriebener Parmesan, Salz, 3 Klar Schnee, Semmelbrösel

Butter und Dotter flaumig abtreiben, den Käse und das Salz dazugeben. Den Schnee darunterheben und so viel Semmelbrösel beifügen, daß man die Masse wie Leberreis durch ein Reibeisen in die Suppe streichen kann.

Parmesanrauten

4 Dotter, 1 gehäufter Eßlöffel Mehl, 3 Eßlöffel geriebener Parmesan, 4 Klar Schnee

Dotter, Mehl und Parmesan verrühren. Den Schnee darunterziehen. Ca. 1 cm dick auf Backpapier aufstreichen und hellbraun backen. Nach dem Erkalten in Rauten schneiden.

Parmesanreis

2 Dotter, 2 Klar Schnee, 50 g Butter, 60 g geriebener Parmesan, 20 g Semmelbrösel, Salz

Butter und Dotter schaumig rühren, Parmesan und Brösel daruntermischen. Salzen und 2 Klar Schnee unterziehen. Durch ein verkehrtes Reibeisen in die kochende Suppe tropfen lassen.

Parmesanschnitten

2 Semmeln, 50 g Butter, 100 g geriebener Parmesan

Die Semmeln in dünne Scheiben schneiden. Mit Butter bestreichen, dick mit Parmesan bestreuen und im Rohr lichtgelb backen.

Pfannkuchensuppe (Frittatenscheiben)

Frittatenteig, runder Ausstecher mit ca. 3 cm Durchmesser

Palatschinken backen, übereinanderlegen und mit dem Ausstecher Scheiben ausstechen. In die heiße Suppe geben.

Preßkohl

1 kleiner Kohlkopf, Fines herbes (150 g geschnittene Champignons, 1 feingehackte Zwiebel und gehackte Petersilie in Butter angedünstet), 150 g Selchspeck in dünnen Scheiben, 1/2 l Rindsuppe

Den Kohl blattweise teilen und den harten Strunk herausschneiden. Die Kohlblätter in Salzwasser blanchieren. Fines herbes auf den Kohlblättern verteilen und einrollen. Die Rollen in eine Kasserolle legen, mit Speckscheiben belegen, mit Suppe begießen und weichdünsten. Die Kohlrollen ohne Speck in Rindsuppe geben.

Profiterolen

Brandteigmasse (siehe S. 39), Haschee: Reste von Rind- oder Kalbfleisch, Salz, Pfeffer, Schnittlauch, 1 Dotter

Von der Brandteigmasse werden kleine Kugeln auf ein befettetes Blech dressiert und im heißen Rohr gebacken. Aus obigen Zutaten ein Haschee bereiten, die Krapferl aufreißen und den Hohlraum füllen. Erst im letzten Moment in die Rindsuppe geben.

Ragoûtknödel

80 g Butter, 3 Dotter, 1 Ei, 1 in Milch geweichte, gut ausgedrückte Semmel, Salz, 1 gehäufter Eßlöffel gekochte Erbsen, ebensoviele gekochte Spargelspitzen (Suppenspargel), 1 Eßlöffel gekochtes, faschiertes Bries, Mehl

Butter und Eier abtreiben. Alle anderen Zutaten beifügen, gut verrühren und salzen. Soviel Mehl beimischen, daß sich Knödel formen lassen. Die kleinen Knödel in Rindsuppe kochen.

Ragoûtpflanzel

50 g Butter, 3 Dotter, 3 Klar Schnee, 100 g feingeschnittene Bratenreste, 30 g Semmelbrösel, 50 g gekochte Erbsen, 50 g Spargelspitzen, 6 kleingewürfelte Krebsschwänze, 5 Eßlöffel Rahm, 30 g Mehl, Salz, gehackte Petersilie

Butter und Dotter schaumig rühren, Bratenreste und die übrigen Zutaten dazugeben. Den Schnee und das Mehl unterziehen. Auf ein gebuttertes, bemehltes Blech streichen und goldgelb backen. Erkaltet in kleine Würfel schneiden.

Reibgerstel

Nudelteig nach Grundrezept

Den Nudelteig auf einem Reibeisen reiben und zum Trocknen ausbreiten. Durch ein groblochiges Sieb streichen und die größeren Teile mit dem Wiegemesser zerkleinern. In Salzwasser 10 bis 12 Minuten kochen.

Reisknöderl

70 g Reis, 2 Schöpflöffel Rindsuppe, 2 Eier, Salz, gehackte Petersilie, gestoßene Muskatblüte, etwas Mehl

Den Reis in der Suppe so lange kochen, bis diese verkocht ist. Danach den weichen Reis pürieren und erkalten lassen. Mit Eiern und Gewürzen vermischen, mit Mehl nach Bedarf zu einem Teig verarbeiten. Kleine Knödel formen und in Rindsuppe einkochen.

Reisschöberl

100 g Reis, 1 feingehackte Schalotte, 100 g Butter, 1/4 l Rindsuppe, 60 g Mehl, 4 Dotter, 4 Klar Schnee, Salz, Muskat

Schalotte in einem Kaffeelöffel Butter anschwitzen, Reis mitrösten und mit Suppe aufgießen. Weich dünsten und auskühlen lassen. Butter und Dotter schaumig rühren, unter den Reis mischen und würzen. Den steifen Schnee darunterziehen und das Mehl beimengen. Auf ein gebuttertes, bemehltes Blech streichen und goldgelb backen. Nach dem Erkalten in Würfel schneiden.

Reiswurst

100 g feingeschnittenes, gebratenes Kalbfleisch oder 100 g feingeschnittener gekochter Schinken, 50 g gedünsteter Reis, 1 Ei, etwas Mehl zum Binden, 1 verquirltes Ei, Semmelbrösel, Fett zum Ausbacken

Fleisch, Reis und Ei vermischen, mit Mehl binden. Kleine, daumendicke Würstchen formen und in Ei und Semmelbröseln panieren. In heißem Fett ausbacken.

Schinkenknödel

4 in Blätter geschnittene Semmeln, 120 g feingehackter, gekochter Schinken, Salz, 2 Eier, 1/8 l Milch, 2 Eßlöffel Mehl

Semmelschnitten und Schinken vermischen. Salzen. Die Eier mit der Milch versprudeln und über die Semmeln gießen. 1/2 Stunde stehen lassen. Danach die Masse gut verrühren und mit dem Mehl binden. Kleine Knödel formen und in Salzwasser kochen.

Schinkennockerln

100 g feingehackter Schinken oder gehacktes Selchfleisch, 2 in Wasser geweichte, gut ausgedrückte Semmeln, 50 g Butter, 2 Eier, Salz, Muskat, Semmelbrösel

Schinken oder Selchfleisch in etwas Butter abrösten. Butter schaumig rühren, Semmeln und Eier daruntermischen. Würzen und bei Bedarf Brösel darunterrühren. 15 Minuten ziehen lassen. Mit einem Löffel Nockerln formen und in Salzwasser kochen.

Schinkenschöberl

30 g Butter, 2 Eier, 50 g feingehackter, gekochter Schinken, 2 in Wasser geweichte, gut ausgedrückte Semmeln, 20 g Semmelbrösel, Muskat, Salz

Butter und Dotter schaumig rühren. Die Semmeln, den Schinken und die Brösel dazugeben und würzen. Den Schnee der 2 Klar unterziehen. In einer mit Butter geschmierten, mit Mehl bestaubten Pfanne langsam backen.

Schlickkrapferl

Nudelteig (siehe S. 57), 150 g faschierte Bratenreste, 1 feingeschnittene Schalotte, 40 g Butter, Majoran, Salz, Pfeffer, 1 verquirltes Ei

Den Nudelteig dünn ausrollen. Runde Plätzchen mit ca. 5 cm Durchmesser ausstechen. Die Bratenreste mit der Schalotte in Butter dünsten und würzen. Den Teig mit Ei bestreichen, die Masse daraufgeben, mit einem zweiten Plätzchen abdecken und gut andrücken. In Suppe nur einmal aufkochen lassen.

Semmelcroûtons

Rinde von Semmeln oder Weißbrot, Butter

Aus der vorsichtig abgeschnittenen Rinde werden mit einem runden und einem dreieckigen Ausstecher die Croûtons ausgestochen und in heißer Butter hellbraun gebacken.

Semmelknöderl

a) 100 g Schmalz, 4 Dotter, 2 in Milch geweichte, gut ausgedrückte Semmeln, Salz, etwas Mehl

Schmalz flaumig abtreiben und die Dotter einrühren. Die Semmeln dazugeben und mit Mehl zu einem Teig verrühren. Salzen. Kleine Knödel formen und in Suppe einkochen.

b) 4 würfelig geschnittene Semmeln, 1 feingehackte Schalotte, gehackte Petersilie, 40 g Butter, 1 Eßlöffel Mehl, 1/8 l Milch, 1 Ei

Schalotte und Petersilie in Butter anschwitzen, dann darin die Semmeln rösten. Mit Mehl stauben, etwas überkühlen lassen. Milch und Ei verrühren und über die Masse gießen. Anziehen lassen, kleine Knödel formen und in Salzwasser kochen.

Semmelpflanzel

140 g Butter, 6 Dotter, 6 Klar Schnee, gehackte Petersilie, 4 in Milch geweichte, gut ausgedrückte Semmeln, Salz

Butter und Dotter gut abtreiben. Die Semmeln und die Petersilie daruntermischen, salzen. Danach den Schnee unterziehen. In eine gebutterte, bemehlte Form geben und im Rohr gelb backen. Abkühlen lassen, stürzen und in Vierecke schneiden.

Semmelschöberl

3 in Milch geweichte, gut ausgedrückte Semmeln, 50 g Butter, Salz, gehackte Petersilie, Muskatblüte, 4 Dotter, 4 Klar Schnee, Semmelbrösel

Butter und Dotter abtreiben, die übrigen Zutaten hineinrühren. Zum Schluß den Schnee unterziehen. Ein Backblech ausbuttern und mit Semmelbröseln bestreuen. Die Masse auf das Blech streichen, 1/2 Stunde im mittelheißen Rohr backen und in Stücke schneiden.

Speckgrießknödel

60 g kleinstgewürfelter Speck, 1/4 l Milch, 120 g Grieß, 1 Ei, Salz

Den Speck goldgelb rösten und mit Milch aufgießen. Wenn die Milch kocht, den Grieß einrühren und so lange am Herd lassen, bis sich die Masse vom Kochlöffel löst. Erkalten lassen und mit Ei und Salz vermengen. Kleine Knödel formen und 5 Minuten in Salzwasser kochen.

Speckknöderl

2 gewürfelte Semmeln, 80 g gewürfelter Selchspeck, 1 Ei, etwas Milch, Salz, Mehl

Speck auslassen und die Würfel mit einem Schaumlöffel herausheben. Im Fett die Semmelwürfel anrösten. Milch und Ei gut versprudeln und über die überkühlten Semmeln schütten. Salzen und etwas anziehen lassen. Mit Mehl zu einem festen Teig verarbeiten, kleine Knödel formen und in die Suppe einkochen.

Speckstrudel

150 g kleingewürfelter Frühstücksspeck, gehackte Petersilie, 5 Eßlöffel Semmelbrösel, Salz, 1 verquirltes Ei, Strudelteig

Den Speck auslassen, bis er glasig wird. Danach die Petersilie und die Semmelbrösel dazugeben, evtl. salzen. Die Strudelblätter auflegen und mit Ei bestreichen. Die Masse darauf verteilen, zusammenrollen und alle 4 cm ein Stück mit dem Kochlöffel abdrücken und durchschneiden. Die Enden müssen gut zusammenkleben! Den Strudel 5 Minuten in Salzwasser langsam kochen.

Spinatknödel

100 g blanchierter Blattspinat, 100 g Semmelbrösel, 125 g Butter, 4 Eier, Salz, Muskatnuß, 100 g Semmelbrösel

Den Spinat passieren. Die Semmelbrösel in Butter rösten, den Spinat dazugeben und einmal durchrühren. Überkühlen lassen. Eier, Gewürze und Brösel daruntermischen. Aus der Masse kleine Knödel formen und entweder in heißem Schmalz ausbacken oder in Salzwasser kochen.

Strudelteignockerln

Grundrezept Mehlnockerln (siehe S. 54), statt des Mehls verwendet man 150 g geriebene Strudelteigreste

Den Teig nach Grundrezept herstellen und die Nockerln in Salzwasser kochen.

Strudelteigschöberl

Grundrezept Mehlschöberl (siehe S. 55), 80 g geriebene Strudelteigreste

Statt des Mehls die Strudelteigreste verwenden und wie Mehlschöberl fertigstellen.

Tapioka

150 g Tapioka

Die Tapioka in Rindsuppe einkochen. So lange kochen lassen, bis sie durchsichtig ist.

Tiroler Knödel

4 gewürfelte Semmeln, 50 g gewürfelter Frühstücksspeck, 1/2 feingeschnittene Zwiebel, gehackte Petersilie, 1/4 l Milch, 3 Eier, 5 Eßlöffel Mehl, Salz

Die Semmelwürfel mit Speck, Petersilie und der Zwiebel vermischen. Die Milch mit den Eiern verrühren und über die Semmeln gießen. Salzen und etwas anziehen lassen. Mit Mehl binden und Knödel in beliebiger Größe formen. In Rindsuppe ca. 15 Minuten kochen.

Tiroler Schöberl

Semmelschöberlmasse (siehe S. 62), 100 g feingehacktes Selchfleisch

Semmelschöberl nach Grundrezept herstellen und mit dem Selchfleisch vermengen.

Waldviertler Knödel

500 g gekochte, passierte Erdäpfel, 2 rohe, geriebene und ausgedrückte Erdäpfel, 1 Ei, Salz, 30 g Butter, 150 g Mehl

Alle Zutaten zu einem geschmeidigen Teig verarbeiten und kleine Knödel formen. In Salzwasser garziehen lassen.

Wiener Knöderl

a) 75 g Butter, 75 g ausgelassenes Ochsenmark, 2 Dotter, 80 g blanchiertes, gehacktes Kalbshirn, gehackte Petersilie, Mehl, Semmelbrösel, 2 Klar Schnee, Salz

Butter, Ochsenmark und Dotter schaumig rühren. Kalbshirn und Petersilie darunterrühren, salzen. Mit Mehl und Semmelbröseln binden und zum Schluß den Schnee unterziehen. Kleine Knödel formen und in heißer Rindsuppe ziehen lassen.

b) 120 g Butter, 2 Eier, 4 Eßlöffel Semmelbrösel, 1 in Milch geweichte, gut ausgedrückte Semmel, Salz

Butter und Eier schaumig rühren, die anderen Zutaten dazugeben und kleine Knödel formen. In kochende Suppe einlegen.

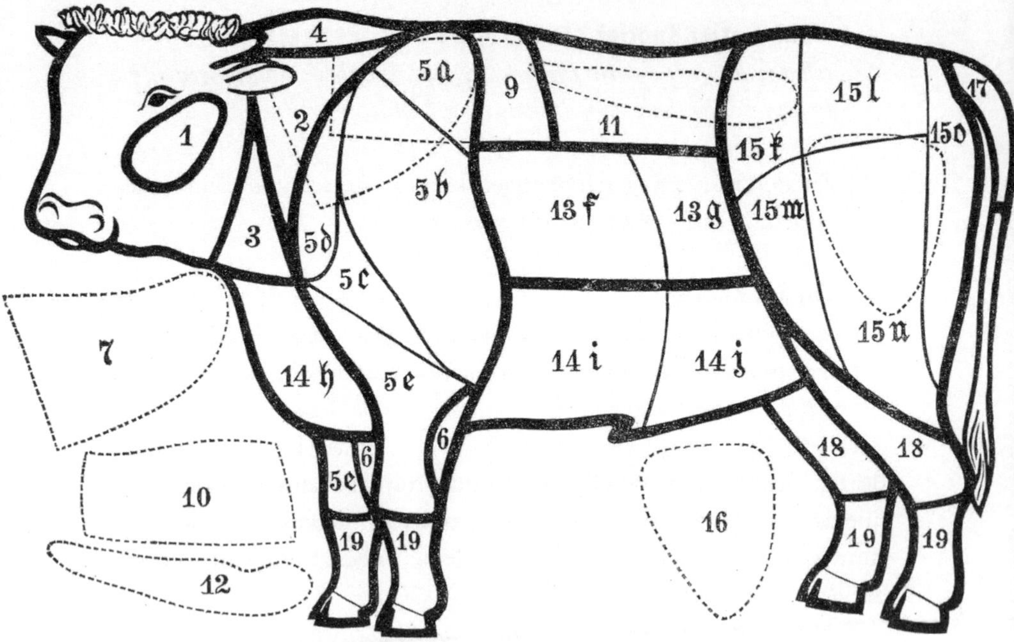

Die Fleischstücke des Rindes.

Die Hauptabtheilungen sind durch dicke Striche, die Unterabtheilungen durch dünne Striche, diejenigen Fleischtheile, welche durch darüber liegende Fleischtheile verdeckt sind, durch Punktlinien gekennzeichnet.

1. Ohrwangel.
2. Kragenstück oder fettes Meißel.
3. Hals oder Tristel (gegen das Rückgrat zu vom Kragenstück verdeckt).
4. Kamm.
5. Schulter:
   - 5a Schulterspitz.
   - 5b Mittere Schulter.
   - 5c Schulteranschnitt.
   - 5d Meißel.
   - 5e Gliedstück.
6. Vorderer Wadel oder vorderes Bratzel.
7. Federspitz oder Kruspelspitz (verdeckt hauptsächlich vom oberen Theil der Schulter).
8. Ausstoß oder Vorschlag (verdeckt vom mitteren Theil des Federspitzes).
9. Rostbratendeckel, auch weicher Deckel oder Rieddeckel.
10. Rostbraten oder Ried.
11. Hufstück (Hüftstück), auch Beiried oder Englischbraten.
12. Lungenbraten (verdeckt hauptsächlich vom Hufstück).
13. Lendenstück oder Schemrippe, auch Riedhüfel:
    - 13f Dünne Schemrippe oder Palissade.
    - 13g Weiche Schemrippe oder dickes Riedhüfel.
14. Brust:
    - 14h Brustspitz oder Brustkern, auch dickes Kügerl.
    - 14i Mittere Brust, auch mitteres Kügerl.
    - 14j Weiche Brust oder Bauchfleisch.
15. Schweiförtel:
    - 15k Hüftenscherzel oder Hüfelschwanzel.
    - 15l Tafelspitz.
    - 15m Zapfen oder Rose.
    - 15n Schwarzörtel oder Schwarzscherzel.
    - 15o Örtelstück oder Weißscherzel.
16. Schalörtel oder Schlüsselörtel (verdeckt hauptsächlich vom Schwarzscherzel).
17. Schlepp.
18. Hinterer Wadel oder hinteres Bratzel.
19. Füße.

Die Wiener Zerlegung des Ochsen um 1900

TAFELSPITZ UND FLEDERMAUS

Welche Fleischteile eignen sich für den Wiener Klassiker?

Die entscheidende Frage beim gekochten Rindfleisch ist nicht, welcher Teil sich am besten dafür eignet, sondern was man gerne ißt: ganz mageres, eher trockenes, unterspicktes, saftiges oder fettes Fleisch. Im Prinzip ist es einfacher festzustellen, welche Teile des Ochsen sich nicht für gekochtes Rindfleisch eignen: Lungenbraten, Beiried, Rostbraten. *Tafelspitz* ist überdies, wie bereits erwähnt, nicht die generelle Bezeichnung für das ehemalige Leibgericht der Wiener, sondern eben nur ein Teil des Rindes, der zum Kochen verwendet werden kann. Zum Ausdruck für gekochtes Rindfleisch wurde der Tafelspitz erst durch Oberflächlichkeit und Unkenntnis in den letzten Jahren des 20. Jahrhunderts. Die ehemalige Wiener Rindfleischkultur war viel subtiler.

Wichtig für alle Kochbuchautorinnen und -autoren, die sich intensiver mit dem gekochten Rindfleisch befaßten, war die Frage: Sollte die Suppe kräftig werden (dann war das Fleisch ausgekocht) oder sollte das Fleisch saftig und gehaltvoll sein (dann war die Suppe eher dünn). Anna Bauer brachte es 1897 in ihrem Kochbuch auf den Punkt: »In den meisten Haushaltungen verfolgt man bei Herstellung derselben [Rindsuppe] einen doppelten Zweck; es soll nicht allein die Suppe gewonnen, sondern auch das fast täglich auf dem Tisch erscheinende Rindfleisch gar gekocht werden.« Schon am Beginn des 19. Jahrhunderts versuchte man beide Ziele zu vereinen und empfahl, die Suppe mit der Zuwaage (also den Rindsknochen), der Leber und Hühnerknochen aufzusetzen, zum Kochen zu bringen und danach erst das Rindfleisch einzulegen. Dabei schließen sich die Poren beim Fleisch, und es bleibt saftig und schmackhaft. Zuwaage und Hühnerknochen soll man blanchieren, abgießen, abspülen und erneut zustellen, damit die Suppe klar wird, auch die Leberzugabe macht die Suppe klarer und dunkler. Um dieses Ziel zu erreichen, kann man überdies Eierschalen mitkochen und die Suppe während des Kochens ständig mit dem Schaumlöffel abschöpfen. Sollte die Suppe dennoch trüb werden, klärt man sie mit Eiweiß und grob faschiertem Rindfleisch, indem man beides in die Suppe gibt und sie langsam zum Kochen bringt. Ist die Suppe immer noch nicht ganz klar, ist es angeraten, sie durch ein feines Sieb, noch besser durch ein Etamin, zu seihen.

In den Kochbüchern des 18. Jahrhunderts – vor allem in den früheren Jahren – war noch nicht von besonderen Fleischteilen des Ochsen die Rede, die sich speziell zum Kochen eignen. Meist wurde auf einen bestimmten Fleischteil gar nicht hingewiesen. Die »Handlungsanweisungen« beschränkten sich häufig auf: »Nimm gesottenes Rindfleisch …«

In der *Georgica Curiosa Aucta* (erschienen 1719) findet sich bereits gekochtes Rindfleisch. Beilagen im heutigen Sinn gab es nicht, allerdings wurde schon eine große Anzahl von Suppeneinlagen angeführt (Fleischknödel, Butterknödel, Semmelknödel, Grießknödel, Bauernknödel, Nudeln und »kleine Küchlein in der Suppe« – Vorläufer der heutigen Backerbsen). Das *Bewehrte Kochbuch*, das um 1765 verfaßt wurde, ging ebenfalls nicht auf die zu kochenden Fleischstücke ein. Gekochtes Rindfleisch wurde mit Sardellen-, Umurken-, gelbe Rüben- und Agressoße serviert.

Der Wienerische Mundkoch legte sich ebenfalls nicht auf ein bestimmtes Stück Rindfleisch fest, er überließ es seinen Leserinnen und Lesern, welche Fleischteile sie bevorzugten: »Nachdem ihr ein gutes Stück Rindfleisch gewaschen habt, so setzt es aufs Feuer und lasset es beim öftern Abschäumen vier bis fünf Stunden kochen.« Als Beilagen zum gekochten Rindfleisch schlug er Quitten, Wurzelmarmelade (ein Püree aus Suppengemüse und Rindsuppe), Kren, Porree und Kohl vor. Auch eine Sauce remoulade wird als Beigabe zum Rindfleisch vorgeschlagen.

Anna Maria Bußwald (1807) empfahl den Brustkern als *das* Rindfleisch zum Kochen. Als Begleiter schlug sie Sardellensoße, Morchelsoße mit Schalotten, Kräutersoße und Kapernsoße vor. Die Soßen jener Zeit bestanden hauptsächlich aus Einbrenn und Suppe mit der jeweiligen Geschmackszugabe. Ignaz Gartler und Barbara Hikmann äußerten sich in ihrem 1810 erschienen Kochbuch zwar nicht spezifisch über die Teile des Ochsen, die sie für gekochtes Rindfleisch vorzogen. Aber sie hatten in ihrem Kochbuch ein eigenes Kapitel *Brühen und Sossen zu Rindfleisch*. Überdies gaben sie in ihrem Speiszettel für das ganze Jahr jeden Monat im Schnitt drei Gerichte aus gekochtem Rindfleisch an. Diese Anzahl sollte sich im Laufe des 19. Jahrhunderts immer weiter erhöhen.

Genauer beim Rindfleisch war der fürstlich Schwarzenberg'sche Koch F. G. Zenker. Im Jahr 1820 erschien sein Kochbuch *Nicht mehr*

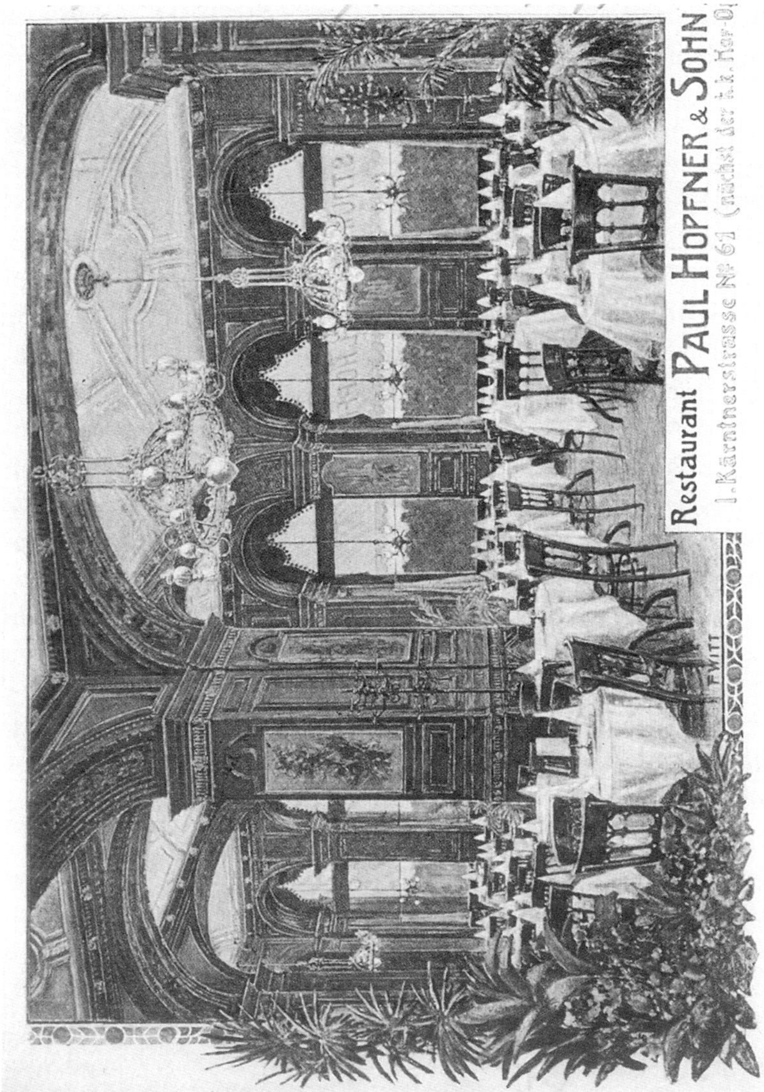

Paul Hopfner's Restaurant um 1900. Zu jener Zeit zählte Hopfner zu den prominentesten Persönlichkeiten der Wiener Gastronomie.

als sechs Schüsseln!, das sich vor allem gegen die Völlerei in den Wiener Bürgerschichten wandte, deren exzessive Eßgewohnheiten häufig die Existenzgrundlage ganzer Familien gefährdeten. Zenker gab erstmals gezielte Anweisungen bei der Auswahl des zum Kochen bestimmten Stückes: »Es scheint so unwesentlich über die von uralten Zeiten hergebrachte und allgemein bekannte Bereitung [...] etwas zu sagen. [...] Nächst diesem kömmt alles auf die Wahl des Stückes an. Der Rostbraten gekocht ist sperr und trocken, der Lungenbraten in dem Topf saft- und geschmacklos, das Fleisch vom Halse viel zu derb, der untere Theil am Schenkel viel zu nervicht. Im Gegensatze ist das Schweifstück (Schwanzel), wenn es gehörig besorgt wird, als das vorzüglichste zu betrachten, indem es mit Fett in dünnen Lagen durchgewebt, feinfädig, compact, zart-spröde unter dem Zahne, sehr saftig und wohlschmeckend wird. [...] Zu gekochtem Rindfleisch können verschiedene Tunken gesetzt werden, so z. B. braune Tunke; Pfeffer-Tunke, Kapern-Tunke; gehäckelte Tunke; Sardellen-Tunke; Zwiebel-Tunke; Paradiesäpfel-Tunke; warmer Krän; Knoblauchkrän; Milchkrän; kalter Krän; kalte Tunken; sauere Gurken; sauere Champignon; sauere Zwiebelchen; conservirter Kukurutz; rothe Rüben; Senf u. d. gl.«. Zenker führt hier bereits eine große Anzahl von typischen Beilagen zum gekochten Rindfleisch an. In einer späteren Auflage seines Kochbuchs geht er allerdings vom Ausdruck »Tunken«, der in Österreich nicht gebräuchlich ist, ab und schreibt stattdessen »Soßen«.

Anna Maria Steinbrecher (1823) legte besonderen Wert auf das Anrichten von gekochtem Rindfleisch: »Besonders muß man allezeit ein schönes Tafelstück zum Rindfleisch nehmen, und darauf sehen, daß die äußere, fleischreichere Seite die oberste in der Schüssel sey. Gemeiniglich wird es, so wie es ist, ohne alle oder doch nur mit sehr wenig Brühe aufgetragen, weil die Brühen und Soßen besonders aufgetragen werden.« Sie servierte zu Rindfleisch Kren, rote Rüben in Essig, Gurken, Senf und Suppengemüse. Fleisch und Schüsselrand verzierte sie mit Petersilie. Zwei Jahre später vermerkte ihre Kollegin Anna Hofbauer ganz lapidar in ihrem Kochbuch: »Zum Rindfleisch ist ein sogenanntes Tafelstück erforderlich.«

Das *Praktische Urfahr Linzer Kochbuch* von Franziska Probstin (1837) führt neben einer Vielzahl von Einlagen für die Rindsuppe schon sehr viele Soßen zum Rindfleisch an. Dazu gehörten Stachelbeer-, Erdäpfel-, gelbe Rüben-, Gurken-, Kerbel-, Paradeis-, Sardellen-, Sauerampfer-, Sellerie- und Zwiebelsoße. Interessant ist – neben Mandelkren – ihr Rezept für Knoblauchkren: Rahm in Rindsuppe erhitzen und

Küche im Hotel Bristol mit den Utensilien zum Suppekochen

mit gerissenem Kren und geschabtem Knoblauch verrühren. Im Kapitel *Zierden zu Rindfleisch* schlug Franziska Probstin allerdings noch recht altertümliche, an das *Service à la française* erinnernde Garnierungen vor: »Man kann zur Zierde nehmen: entweder gebackene Leber, gebräunte Leber, gebackene oder in Butter gebräunte Bries, gebackene Hendelleber, oder verschiedenes gepfarztes Brod, das ist: einige wie Schiffeln, und einige gezangelt wie Hühnerkamm; dann von Butterteig verschiedene kleine ausgestochene Backereyen, oder Krebseuterl, oder Spinateuterl, oder zierlich ausgeschnittene gekochte gelbe Rüben, oder weiß gekochte Zellerie- und Petersillwurzen.« Die Verzierungen hätten in diesem Fall schon eine eigene Mahlzeit ergeben!

Katharina Prato gab ihren Lesern im Jahr 1878 bereits genauere Hinweise auf die Verwendung von bestimmten Rindfleischteilen: »Die schönsten Tafelstücke sind von den Hinterfüßen und dem Schlußstücke unter verschiedenen Namen, als: Schweif-, Schal-, ausgestochenes Oertel, Scherzel u. s. w.; fette saftige Stücke sind: der Deckel, Brustkern und Federspitz.« August Mauer verkündete in seinem Kochbuch (1885) die unabdingliche Notwendigkeit von Rindfleisch und gab ebenfalls detaillierte Angaben zu den verschiedenen Fleischteilen: »Das unentbehrlichste Fleisch in einer Haushaltung ist und bleibt unter allen Verhältnissen das Rindfleisch. – Um eine gute Kraftsuppe zu erzielen zur Zubereitung verschiedener Brühen, Fonds und Soßen, ist das Rindfleisch stets der Hauptbestandtheil, sowohl hinsichtlich des Geschmackes als der Kraft [...] Das kräftigste ist das sogenannte Schwanzel oder Tafelstück. Für Hausmannsküchen ist als Suppenfleisch in erster Linie der Dickspitz, der Brustkern (Kruspelspitz) und auch das dünne Bauchfleisch, wenn es von keinem zu fetten Thiere herstammt, mit Vortheil anzuraten.«

Im *Pesther Kochbuch* (um 1880/85) sorgte sich Josephine von St. Hilaire vor allem um die geeignete Art, Rindfleisch anzurichten. Ihre Vorstellungen gehen sehr ins Detail: »Da sowohl gedünstetes als gekochtes Rindfleisch mit Gemüse garnirt wird, so muß man darauf sehen, daß die Farben der Gemüse, sowie jene des Fleisches sich nicht ähnlich sind; z. B. wenn das Fleisch braun gedünstet ist, so geben junge grüne Erbsen und gelbe Rüben von jeder Gattung einen halben Kranz, eine schöne Garnitur. [...] Zu einem gekochten Fleisch kann man rothes Kraut mit Speck und Essig angedünstet oder gedünsteten Kohl nehmen, oder auch braungedünstetes Kraut und in Salzwasser abgesottene, mit Butter abgeschmalzene Maccaroni, die man mit kleingehacktem Schinken dicht bestreut. Ebenso kann man schöne Kohlsprossen nehmen, welche in Salzwasser gekocht, dann gut abgeseiht und in eine Buttersauce gegeben werden, die man kurz eingehen läßt, so daß von der Sauce nichts sichtbar ist, den zweiten halben Kranz kann man von Champignons oder jungen Pilzlingen machen […] und so kann man alle Gattungen Gemüse, außer Hülsenfrüchten, zur Einfassung des Rindfleisches verwenden.«

Marie von Rokitansky schlug um die Jahrhundertwende für gekochtes Rindfleisch folgende Teile vor: »Die zum Kochen geeignetsten Stücke sind von den Schenkeln, dem Schlußstücke des Ochsen und dem Brustteile und werden unter dem Namen kalter und warmer Spitz, Scherzl, Schweifórtel, Hieferschwanzl, ausgestochenes Örtel, Deckel, Federspitz, Brustkern, verkauft […]«. Sie führte in ihrem Kochbuch eine besondere Wiener Spezialität an, die heute längst vergessen ist, den »warmen Spitz«: »Diese echte Wiener Speise ist delikat und nur möglich zu bereiten, wenn man das Schlachthaus in der Nähe hat. Der sogenannte Kruspel- oder Federspitz des Ochsen muß noch lebenswarm in die siedende Wurzelbrühe gelegt werden und darin 1 1/2 – 2 Stunden, wie gewöhnliches Rindfleisch kochen. Man ißt ihn nur mit Salz bestreut. Er zeichnet sich durch besondere Saftigkeit und Weichheit aus.«

Eher Launiges zum Rindfleisch findet sich in den *Curiosa der Küche* von Joseph C. Dobos (1909): »Das gekochte Rindfleisch ist eine gesunde Speise, welches schnell den Hunger stillt und leicht verdaulich ist. Viele Menschen essen aus purer Gewohnheit täglich gekochtes Rindfleisch, weil ihre Voreltern es auch so machten. Viele essen es wieder deshalb, weil sie die Suppen lieben und aus Ökonomie das gekochte Fleisch verbrauchen wollen. Aber die Ärzte – wenigstens die sogenannten Weltwunder-Ärzte – verkünden, daß Suppenfleisch ein Fleisch ist, welches keinen Fleischsaft besitzt; die Herren Professoren vergessen, daß das Roastbeef die Hauptessenz für Gicht, Rheumatismus, Zipperlein und Podagra ist […] Jedenfalls ist für die gesamte kultivirte Menschheit das Rind […] höchst wichtig.«

Anna Bergmann plädierte dafür, sich das Fleischstück zum Kochen ganz nach individuellen Vorstellungen auszusuchen: »Gewöhnliches, zum Kochen bestimmtes Rindfleisch kann man nach Belieben wählen, z. B. Ortscherzel, mittleres Schwanzel, Hüferschwanzel, Schulter, Rieddeckel, auch zur Abwechslung Brustkern, Kruspelspitz, auch dicken Spitz; nur muß der Brustkern länger kochen als alle anderen Stücke.«

Zwei weitere, beinahe schon legendäre Kochbuchautoren der ersten Hälfte des 20. Jahrhunderts, Hans Ziegenbein und Julius Eckel, schlugen 1933 in ihrem Werk gekochtes Rindfleisch zwei bis dreimal pro Woche vor: »Für gekochtes Rindfleisch eignen sich vor allem Tafelspitz, Kruspelspitz, Rippenfleisch, Beinfleisch, Rieddeckel, Brustfleisch, Schulterscherzel, weißes Scherzel, Bröselfleisch, Kavalierspitz, Zwerchried, dickes Kügerl und all die bekannten Wiener Gustostückerl. [...] Der Wiener findet sich in diesem Labyrinth von verschiedenen Rindfleischspezialitäten ausgezeichnet zurecht, wird sie aber im Ausland nie so bekommen wie zuhause.« Das Zurechtfinden im »Rindfleischlabyrinth« hat der Wiener in der zweiten Hälfte des 20. Jahrhunderts leider verlernt!

Franz Ruhm bemühte sich 1937, das Rindfleisch den österreichischen Gastwirten schmackhaft zu machen, als er in der Zeitschrift *Das Gastgewerbe* folgendes schrieb: »Unübertrefflich und nirgends sonst daheim ist das Wiener Rindfleisch in seinen Variationen als Beinfleisch oder dem vielbesungenen Kruspelspitz, das Rippenfleisch und der gekochte Tafelspitz; unübertrefflich die einfachen und doch so wohlschmeckenden Rindfleischsoßen.«

Für den Ungarn Gyula Krúdy war das Beinfleisch das einzig wahre gekochte Rindfleisch. Um 1930 schrieb er: »Ob sich Franz Joseph I. wohl auch über die Rippen des Wiener Beinfleisches hermachte, wie es die wahren Freunde der Beinfleischmahlzeit zu tun pflegten [...] Echte Beinfleischfreunde schneiden das Kernfleisch ab und legen es beiseite, bis sie mit dem Knochen fertig sind. Das klingt sonderbar, ist aber so: Wirklich aufregend sind die knochennahen Teile des echten Beinfleisches. Zwischendurch mag auch ein Happen zitternden Kernfleisches neben allem anderen auf der Gabelspitze verschwinden, am vergnüglichsten sind aber die Fleischfetzchen und Fleischstückchen, die man mit dem Messer von den Knochen abkratzen und gegebenenfalls, da sie so klein sind, mit dem Löffel [...] in den Mund führen muß. Ich habe schon Beinfleischfreunde gesehen, die das Beinfleisch aus dem Teller oder in der Schüssel vergaßen, die Knochen jedoch gründlichst säubern.«

Für die überaus hohe Qualität bestimmter Fleischteile war eine Besonderheit der *Wiener Schlachtung* verantwortlich: Das Rind wurde auf fünf Viertel zerlegt. Das bedeutet, daß die vorderen und hinteren Viertel ausgelöst wurden, die Brust jedoch separat herausgeschnitten. Beinfleisch und Kügerl waren dadurch viel höher als bei der heutigen Methode, das Rind zu spalten. Überdies liefert die Brust den Brustkern, das dicke, mittlere und dünne Kügerl zum Kochen. Von großer Bedeutung für die Wiener Rindfleischküche war und ist die Zerteilung des sogenanntes Knöpfels (Schlögel). Davon stammen etliche Stücke, die

¼ Flasche Original 1921 Zöbinger K 38
¼ Flasche Veltliner K 32

WIEN, 31. August 1923.

Hotel Meissl & Schadn, Wien.

1 Flasche Liesinger Lagerbier . . 3·9
1 „ Spatenbräu . . . . 8·6
1 „ Doppel-Malzbier . . . . 4·3

Kl. Flasche Gießhübler . . . . . 7·5
„ „ Preblauer . . . . 5·5
„ „ Selters . . . . . 5·55

Mittag-Karte

Suppen

Leberpüree . . . . 3·5
Schöberl 2.5
Ulmergerstel 2
Bouillon en tasse . . . . 1·5

Fische

Fogas vom Rost, sc. remoulade . . 35
Schill gekocht, sc. tirolienne . . 40
Sandre à la Diplomat 40
„ à la Meunière 40

Kalte Vorspeisen

1 Terrine Gansleberpastete (für 2-3 Personen) 35
Eier mit Mayonnaise 10
Filet de boeuf sc. tatare 35
Kalbsbraten 20
Sardinen 8
Lachs, geräuchert 18
Schinken 20
Feiner Aufschnitt 35

Warme Vorspeisen

Tomaten in Teig gebacken 10
Champignons à la Crème 18
Choux de Bruxellés polonaise . . . 15
Oeufs sur le plat „Meyerbeer“ . . . 15
Omelette à la Paysanne 12
Oeufs frits, sc. bordelaise 15

Tagesspeisen

½ steir. Huhn gebraten 30
½ Fasan mit franz. Salat 35
1 Rebhuhn mit Specklinsen 32
½ Poulet frit 25
½ „ sauté „Stanley“ 35
Rindfleisch m. Paradeissoße 20
Rindfleisch mit grüne Erbsen . . . 21
Tafelspitz . . 20 Beinfleisch . . 22
Boeuf braisé m. Schinkenmakkaroni 24
Ged. Kalbsleber mit Risi-bisi . . . 22
Schwäb. Rostbraten m. Kartoffeln . 30
Hammelkeule halbgebr. m. gr. Bohnen 25
Kalbsbraten 22
Gefüllte Kalbsbrust 22
Schweinskarree 26
Eingemachtes Kalbfleisch 16
Filet de lièvre à l'Estragon . . . 45
Filets mignons „Labory“ 45
Médaillons de veau Portugaise . . . 26
Foi gras aux fines herbes 30
Cervelles de veau St. Cloud 20
Rumpsteak à la Moelle 30
Steak de veau au lard 32
Wiener- oder Naturschnitzel 24

Gemüse

Grüne Erbsen 10
„ Fisolen 6
Kohl 4
Kochsalat 4
Kartoffel mit Butter 4
Kohlrüben 4
Kürbiskraut 4
Rotkraut 5
Spinat 4
Heuriges Kraut 4
Karotten 5
Reis 4
Makkaroni 5
Pommes de terre sautées 5
„ „ frites 7

Salate

Gurkensalat 6
Häuptel 4
Französischer, Mayonnaise 6
Gemischter 5
Essigkrenn 3
Kartoffel 4
Rote Rüben 3
Heurige Salzgurke 8

Kompotte

Ananas 15
Ananaserdbeeren, Pfirsiche 10
Gemischtes 10
Gedünstete Birnen 8
Ged. Kirschen, Marillen 8
Schwarze Pflaumen 4

Mehlspeisen

Erdbeerpudding 8
Portugieserreis 8
Pflaumengateau 7
Mannheimerschnitte 7
Schokoladetorte 8
Eiscrème 6

Obst

Zuckermelone 10
Pfirsiche . . . . n. Gr.
Gemischtes Obst 18
Weintrauben 10

Käse

Emmentaler 7
Camembert 6
Gervais 4
Gorgonzola 5

Kaffee

Mocca . . . 2·5 Türkischer . . . 3·5

Die Preise verstehen sich in tausenden von österr. Kronen

Speisekarte aus dem Meissl & Schadn 1923. Interessant ist die Tatsache, daß Beinfleisch teurer war als Tafelspitz und Rindfleisch.

in der Rindfleischküche sehr beliebt sind: Hüferschwanzel, Tafelstück und weißes Scherzel.

In den dreißiger Jahren des 20. Jahrhunderts war die Rindfleischkultur im berühmten Restauraunt *Meissl & Schadn* schon etwas reduziert. Allerdings wurde immer noch ausgezeichnetes Fleisch steirischer und waldviertler Jungstiere und Kalbinnen verkocht. Neben Beinfleisch und gestutzter Rippe wurden laut einem ehemaligen Koch des Hauses folgende Teile des Rindes angeboten: Tafelspitz, weißes Scherzel, dicke Schulter, Brustkern, Kügerl, der trockene Rieddeckel, das Hieferl (*das* Kochfleisch der Wiener Hausfrau) und schwarzes Scherzel, dessen oberes, eher langfasriges Stück als »Bröselfleisch« in die Rindfleischgeschichte einging. Brustkern, Kamm und Zunge wurden auch gepökelt und gekocht. Im *Meissl & Schadn* servierte man sie mit Erbsen- oder Erdäpfelpüree und Gurkerln. Kalt erhielt man diese Spezialitäten mit Oberskren und Salat von Sellerie oder roten Rüben.

Aus dieser Zeit sind uns Rindfleischpreise bekannt, die recht anschaulich die Relation zwischen den einzelnen Fleischqualitäten zeigen. So mußte man für Knochen pro Kilogramm einen Schilling zahlen, Fleischknochen kosteten zwei Schilling achtzig, Vorderes mit 25 % Zuwaage zwei Schilling achtzig, Hinteres mit 25 % Zuwaage drei Schilling vierzig und die Gustostücke mit 25 % Zuwaage drei Schilling neunzig. Im Vergleich dazu mußte man für ein Kilogramm Rindslungenbraten fünf Schilling zwanzig rechnen.

Selbst am Beginn der nationalsozialistischen Zeit wurde das gekochte Rindfleisch noch als Wiener Spezifikum anerkannt. Rudolf Rösch, Küchenmeister in Wien und ab 1938 Mitarbeiter des Reichsnährstandes, schrieb in seinem Kochbuch *So kocht man in Wien!*: »Der Wiener versteht eigentlich unter dem Wort Rindfleisch gekochtes Suppenfleisch, welches er, ohne sich über zu geringe Abwechslung zu beklagen, sechsmal in der Woche essen kann; allerdings wird die findige Hausfrau, sofern dieses Rindfleisch täglich zu Tisch kommt, es stets mit einem anderen Gemüse oder einer anderen Soße servieren.« In einem Punkt übertrieb Rösch ein wenig – zu jener Zeit konnten sich relativ wenige Wiener sechsmal pro Woche Rindfleisch leisten. Überdies war der Freitag ein Fasttag und daher traditionell fleischlos, d. h. an diesem Tag verspeisten die Wiener Mehlspeisen oder Fischgerichte.

Eine Besonderheit der Wiener Schlachtung bzw. Fleischzerlegung ist die Fledermaus (auch Schalplattl oder Heiliger Geist genannt). Es ist ein lappenartiges Stück Fleisch von der Hüfte, das das am Hüftknochen befindliche Loch abdeckt. Es hat Wadschunkenqualität, ist eher flachsig, aber doch saftig. Es ergibt eine gute Rindsuppe und kann gratiniert serviert werden. Größeren Bekanntheitsgrad erreichte die Fledermaus, als während des Strauss-Jubiläums 1974 ein Kochwettbewerb ausgeschrieben wurde, in dem es um Wiener Küche und einen Bezug zu Johann Strauss ging. Ein findiger Koch reichte die gratinierte Fledermaus ein und gewann damit den ersten Preis. Im *Meissl & Schadn* gab es die Fledermaus ebenfalls auf der Speisekarte, allerdings (vorgekocht) paniert und gebacken wie ein Wiener Schnitzel.

Eine weitere Spezialität bot die *Gösser Bierklinik* unter dem bekannten Besitzer Stiedl an. Es war etwas Delikates, das man sonst in Wien nirgends fand: das gekochte Wangerl. Pro Tier gab es davon nur 600 bis 800 g. Das Wangerl wurde nur ganz kurz gekocht und mit denselben Beilagen – wie bei gekochtem Rindfleisch üblich – serviert.

Die lange Tradition der variantenreichen Wiener Rindfleischküche ist in der zweiten Hälfte des 20. Jahrhunderts verlorengegangen, erst in den letzten Jahren wird daran wieder angeknüpft und es sind auch andere Fleischteile zu bekommen.

RINDFLEISCH-REZEPTE

Nicht alle Wiener Kochbuchautorinnen und -autoren begnügten sich mit dem Kochen des Rindfleisches vor dem Verzehr. Manche schlugen vor, das beinahe weichgekochte Fleisch anschließend noch zu »dämpfen«. Dafür wird das Tafelstück in eine tiefe Kasserolle gelegt, auf deren Boden man Abschöpffett, etwas Brotrinde, Speck, Petersilie und Zwiebel verteilt hat. Anschließend wird soviel Rindsuppe angegossen, daß das Fleisch ungefähr bis zur halben Höhe darin liegt. Danach deckt man die Kasserolle zu und läßt das Fleisch auf ganz kleiner Flamme (damit es nicht austrocknet!) rund eine Stunde dämpfen. Es wird wie gewöhnlich gekochtes Rindfleisch in Scheiben geschnitten und mit dem abgeseihten Saft beträufelt serviert.

Gekochtes Rindfleisch (Grundrezept)

1,20 kg beliebiges Rindfleisch, 750 g Rindsknochen (Fleischknochen, Markknochen), 250 g Hühnerknochen (Flügerl, Hühnerrücken), 150 g Rindsleber, 100 g Rindsmilz, 1 Karotte, 1 gelbe Rübe, 1 Petersilwurzel, 1 Stück einer Sellerie, etwas Petersil- und Selleriegrün, 1/3 Porree, eine halbe, an der Schnittfläche angeröstete Zwiebel, Salz, Schnittlauch; nach Belieben: jeweils ein paar Pfeffer- und Neugewürzkörner, ganz wenig Lorbeerblatt, 1 Knoblauchzehe; zum Klären: 2 leicht aufgeschlagene Eiklar, 400 g grob faschiertes, mageres Rindfleisch

Die Knochen, Leber und Milz mit kaltem Wasser zusetzen, blanchieren, abspülen, neu zusetzen und etwa eine halbe Stunde kochen lassen. Das Fleisch in das kochende Wasser einlegen, das geputzte Suppengemüse und die Gewürze dazugeben und langsam garziehen lassen. Wenn das Fleisch weich ist, wird es gegen die Faser in Scheiben geschnitten, auf einer Schüssel angerichtet, mit etwas Rindsuppe begossen, gesalzen und mit Schnittlauch bestreut. Will man die Markknochen mit dem fertigen Fleisch servieren, sollte man sie erst kurz vor dem Servieren des Gerichts in die Suppe einlegen und kurz erwärmen, damit sich das Mark nicht zerkocht.

Neben dem klassischen gekochten Rindfleisch entwickelten sich im Laufe der Zeit *Abwandlungen.* Leute, die schwer arbeiteten und schon zeitig am Morgen ihr Frühstück zu sich genommen hatten, waren am Vormittag bereits wieder hungrig. Besonders beliebt war daher das sogenannte Gabelfrühstück, das mit dem Frühstück nichts mehr zu tun hatte: Es war eine richtige Mahlzeit, die mit dem Besteck verzehrt werden mußte (daher der Name *Gabel*frühstück). Zu den klassischen Gabelfrühstücksspeisen zählten in Wien neben dem Gulasch gekochtes Rindfleisch in Form von Teller- oder Krenfleisch. Aber auch gratiniert konnte das Rindfleisch zu Tisch gebracht werden. Häufig bleiben von gekochtem Rindfleisch Reste, die man jedoch leicht zu verschiedenen kalten Speisen oder Salaten verarbeiten kann.

Gekochtes Rindfleisch mit Suppe und Gemüse

Rindfleisch nach Grundrezept, 1 kleiner Kohl, 500 g geschälte, geviertelte Erdäpfel

In der letzten Viertelstunde der Garzeit werden der geviertelte Kohl und die Erdäpfel in die Suppe gegeben. Das Fleisch wird in einen Suppenteller gegeben, mit Suppe, Kohl und Erdäpfeln sowie mit Schnittlauch bestreut angerichtet.

Rindfleisch mit Erdäpfeln

500 g Rindfleisch (nach Grundrezept), 40 g gewürfelter Selchspeck, 40 g Butter, 3/4 l Rindsuppe, 350 g geschälte, gewürfelte Erdäpfel, 1/2 Zwiebel, Kräutersäckchen (Petersilstengel, Thymian, 1 Lorbeerblatt), Salz

Speck in Butter glasig dünsten. Suppe, Erdäpfel, Zwiebel und Kräutersäckchen dazugeben. Alles 20 Minuten kochen lassen. Man schneidet das Rindfleisch in Würfel, gibt es zu den Erdäpfeln und läßt alles so lange kochen, bis letztere ganz weich sind. Zwiebel und Kräutersäckchen entfernen, eventuell abschmecken.

Rindfleisch mit Petersilie

500 g in Scheiben geschnittenes Rindfleisch (nach Grundrezept), 10 g Butter, Salz, Pfeffer, 2 Eßlöffel Essig, gehackte Petersilie, 300 g gekochte, kleine Erdäpfel

Die Butter in einer flachen Kasserolle zergehen lassen. Das Rindfleisch so hineinlegen, daß die Scheiben nicht übereinander liegen. Salzen und pfeffern und 5 Minuten braten. Dann das Fleisch umdrehen, salzen, pfeffern und ebenfalls 5 Minuten braten. Die Fleischscheiben auf eine vorgewärmte Schüssel legen. Den Bratensatz mit dem Essig 1 Minute verkochen und über das Fleisch gießen. Mit Petersilie bestreuen und mit den Erdäpfeln umkränzen.

Gefüllter Brustkern

1 1/2 kg Brustkern, 4 Eßlöffel Wurzelgemüsejulienne, 1 in Wasser geweichte, gut ausgedrückte Semmel, 1 Ei, Salz, Pfeffer, Semmelbrösel

Den Brustkern so einschneiden, daß eine Tasche entsteht. Die übrigen Zutaten zu einer nicht zu weichen Fülle verarbeiten. Den Brustkern damit füllen, gut zunähen und wie üblich weichkochen. Den Faden entfernen und in Scheiben schneiden.

Krustiertes Rindfleisch

500 g in Scheiben geschnittenes Rindfleisch (nach Grundrezept), Kräutersoße (unter Warme Soßen, *siehe S. 98), Semmelbrösel*

Das Fleisch in eine feuerfeste Schüssel geben, mit der Kräutersoße überziehen und mit Semmelbröseln bestreuen. Bei starker Oberhitze gratinieren.

Senffleisch

Rostbratenanschnitt in Rindsuppe mit Wurzelwerk gekocht, 1/2 bis 3/4 l Suppe, etwas Mehl, Zitronensaft nach Geschmack, 1 Kaffeelöffel feingeschnittene Kapern, 2 bis 3 Kaffeelöffel Kremser Senf, Pfeffergurken

Die Suppe stark einkochen und mit Mehl stauben. Mit etwas Zitronensaft und Kapern würzen. Knapp vor dem Servieren den Senf einrühren. Das Fleisch in Scheiben schneiden, mit Soße überziehen und mit kleinen Pfeffergurken servieren.

Steirischer Rieddeckel

1,20 kg Rieddeckel (nach Grundrezept), Gewürzsäckchen (Pfefferkörner, 1 Lorbeerblatt, 1 Zehe Knoblauch), 1 Zwiebel, 500 g geschälte, geviertelte Erdäpfel, Essig, gehackte Petersilie

Das Fleisch mit dem Gewürzsäckchen und der Zwiebel weichkochen. In der letzten Viertelstunde die Erdäpfel mitkochen und die Suppe mit etwas Essig leicht säuern. Auf einem Suppenteller mit dem geschnittenen Wurzelwerk und den Erdäpfeln anrichten. Mit Petersilie bestreuen.

Sardellenfleisch

1,20 kg gekochtes Rindfleisch (nach Grundrezept), 6 feingehackte, entgrätete Sardellenfilets, 1/4 l Sauerrahm, Pfeffer, etwas Zitronensaft

Das gekochte Fleisch in Scheiben schneiden und auf eine feuerfeste Platte legen. Mit den feingehackten Sardellen bestreuen. Sauerrahm mit etwas Suppe und Zitronensaft glattrühren und über das Fleisch ziehen. Pfeffern und im vorgeheizten Backrohr bei mäßiger Hitze 20 Minuten überdünsten.

Steirischer Ochsenschlepp

1,20 kg Ochsenschlepp in 4 cm breiten Scheiben, Gewürzsäckchen, 300 g julienneartig geschnittenes Wurzelwerk, 500 g geschälte, in Würfel geschnittene Erdäpfel, Essig, gehackte Petersilie, Kren

Den Ochsenschlepp mit dem Gewürzsäckchen zwei Stunden kochen. Danach das Säckchen entfernen und das Wurzelwerk in die Suppe geben. Wenn das Fleisch fast weich ist, die Erdäpfel dazugeben und weich kochen. Zuletzt die Suppe etwas mit Essig säuern. Den Ochsenschlepp mit Erdäpfeln und etwas Suppe in tiefen Tellern anrichten. Mit Petersilie bestreuen und fein gerissenen Kren dazu servieren.

Krenfleisch

gekochtes Rindfleisch (nach Grundrezept), Essig, gerissener Kren

Das geschnittene Rindfleisch wird in tiefe Teller gelegt, mit etwas Suppe und ein paar Spritzern Essig begossen und mit gerissenem Kren umkränzt. Man serviert Essigkren (unter *Kalte Soßen, siehe S. 114*) dazu.

Tafelspitz im Topf

1 feuerfester Topf (die Größe richtet sich nach der Anzahl der Gäste); pro Person: 1 Eßlöffel gekochte grüne Erbsen, 1/2 geschälter, gewürfelter Paradeiser, einige blättrig geschnittene Champignons, 3–4 rohe Markscheiben, 2 Scheiben Tafelspitz (nach Grundrezept), Rindsuppe, in Scheiben geschnittenes Wurzelwerk, etwas geschnittener, roher Kohl

Alle Zutaten in den Topf geben. Mit Rindsuppe auffüllen und einmal aufkochen lassen. Sofort servieren und Salzerdäpfel dazu reichen.

Tellerfleisch

Für das Tellerfleisch gibt es verschiedene Varianten des Servierens. Generell gilt, daß das Rindfleisch für Tellerfleisch nur etwa 1 1/2 Stunden gekocht wird und daher »rescher« bleibt als gewöhnlich.

a) Den Suppenteller zu zwei Dritteln mit heißer Rindsuppe füllen. Fleischscheibe, geschnittenes Wurzelgemüse und zwei erwärmte Markknochen dazugeben. Mit Schnittlauch bestreuen und mit gerissenem Kren sowie Rote-Rüben-Salat als Beilage servieren. Dazu reicht man frisches Schwarzbrot. Man kann auch Salzgurken servieren.

b) Beiried nach Grundrezept kochen. Mit gehackter Petersilie und zweifärbigem gerissenen Kren anrichten. Mit einigen Löffeln Weißwein begießen.

c) Den Suppenteller mit heißer Rindsuppe füllen. Das geschnittene Rindfleisch hineinlegen, mit Salz und Schnittlauch bestreuen. Mit Senf oder Essigkren servieren.

d) Geschnittenes Rindfleisch in Suppenteller legen, heiße Suppe darübergießen und mit etwas feingeriebenem Majoran und viel Schnittlauch bestreuen. Man kann frisch gerissenen Kren oder scharfen Senf extra dazu reichen.

Tellerfleisch auf französische Art

500 g gekochtes Rindfleisch nach Grundrezept, 2 kleine, weichgekochte Kohlköpfe, 1 gewürfelte, weichgekochte Kohlrübe, Suppengemüse

Die Fleischscheiben auf Suppentellern anrichten, mit heißer Suppe übergießen, salzen und pfeffern. Mit je einem Kohlviertel, den Kohlrüben, Selleriestücken und gelben Rüben garnieren.

Warmer Spitz

Diese echte Wiener Spezialität ist äußerst delikat. Man kann sie nur dann zubereiten, wenn man das Schlachthaus in der Nähe hat. Der sogenannte Kruspel- oder Federspitz des Ochsen muß noch lebenswarm in die siedende Wurzelbrühe gelegt werden und darin 1 1/2 bis 2 Stunden wie gewöhnliches Rindfleisch kochen. Man ißt ihn nur mit Salz bestreut. Er zeichnet sich durch besondere Saftigkeit und Weichheit aus.

»Großer Herren« Rindfleisch

Rindfleisch (nach Grundrezept), 1 Bund grüne Petersilie, Salz

Die Petersilie in Wasser blanchieren und in eine Kasserolle geben. Das Rindfleisch darauflegen, mit nicht zu stark entfetteter Brühe untergießen, mit Salz bestreuen und 1/2 Stunde ziehen lassen.

Rindfleisch auf französische Art

700 g gekochtes Rindfleisch nach Grundrezept, geschnittenes Wurzelgemüse, 500 g in Scheiben geschnittene, in Rindsuppe gekochte Erdäpfel, 1/4 l stark eingekochte Rindsuppe

Das Rindfleisch aufschneiden und auf eine vorgewärmte Platte legen. Mit Gemüse und Erdäpfeln bedecken, mit der heißen Suppe übergießen.

Überbackene Fledermaus

2 Stück Fledermaus (nach Grundrezept), Krensoße: 30 g Butter, 30 g Mehl, 1/4 l Milch, 1 Eßlöffel gerissener Kren, etwas Essig, Salz, Pfeffer, Muskat, 2 Dotter; geriebener Parmesan, Semmelbrösel, zerlassene Butter

Für die Soße alle Zutaten gut vermischen. Die gekochte Fledermaus in fingerdicke Scheiben schneiden, in eine feuerfeste Form legen und mit wenig Rindsuppe untergießen. Die Fleischstücke mit der Soße fingerdick bestreichen. Mit Käse und Bröseln bestreuen und mit zerlassener Butter beträufeln. Man kann Käse und Semmelbrösel beim Gratinieren auch weglassen. Die Fledermaus wird mit den üblichen Garnituren für gekochtes Rindfleisch serviert.

Überdünstetes Rindfleisch

Reste von gekochtem Rindfleisch, in Scheiben geschnitten, 80 g Schmalz, 20 g in dünne Ringe geschnittene Zwiebel, 1 Messerspitze Paprika, Essig, 30 g Mehl, 1/4 l Rindsuppe, Salz

Zwiebel in Schmalz goldgelb anrösten. Paprika dazugeben und mit etwas Essig ablöschen. Mit Mehl stauben und mit Suppe aufgießen. Salzen, gut verkochen und das Rindfleisch darin kurz köcheln lassen.

Brustkern mit Kren

1,20 kg Brustkernfleisch (nach Grundrezept); Mandelkren (unter Kalte Soßen, *siehe S. 99), 4 Dotter, etwas zerlassene Butter, Semmelbrösel*

Das fertige Fleisch fingerhoch mit Mandelkren, der etwas dicker sein muß als zur Soße und in dem vier Dotter verrührt wurden, bestreichen. In eine feuerfeste Form geben, mit zerlassener Butter beträufeln und mit Semmelbröseln bestreuen. Im Rohr bei starker Hitze überbacken.

Maskiertes Rindfleisch

8 kleine Scheiben von gekochtem Rindfleisch, 140 g gekochte, geschälte, passierte Erdäpfel, 70 g Butter, 4 Dotter, Salz, 2 Eßlöffel Rahm

Butter und Dotter abtreiben, Erdäpfel, Rahm und Salz in den Abtrieb geben. Eine feuerfeste Form mit etwas Abtrieb bestreichen, Rindfleischscheiben daraufgeben, mit Abtrieb bestreichen und mit Butterflöckchen besetzen. Im Rohr überbacken.

Rindsscheibe

Pro Person 1 dicke Scheibe Lungenbraten, 2 in feinste Scheiben geschnittene rote Zwiebeln, Butter, 2 bis 3 geschälte, in feine Scheiben geschnittene rohe Erdäpfel, kräftige Rindsuppe nach Bedarf

Eine kleine Kasserolle ausbuttern, mit Zwiebelscheiben belegen und das Fleischstück daraufgeben. Mit Erdäpfelscheiben bedecken und Suppe angießen. 5 Minuten stark kochen, dann 20 Minuten ziehen lassen.

Rindfleisch mit Essig und Öl

In dünne Scheiben geschnittenes, gekochtes Rindfleisch, Kapern, Essigchampignons, Cornichons, Oliven etc. Marinade: Weinessig, Öl, Salz, Pfeffer, gehackte Petersilie

Das Rindfleisch eine Stunde in der Marinade ziehen lassen. Danach die Fleischscheiben kranzförmig auf einem großen Teller anrichten und mit Kapern, Essigchampignons, Cornichons und Oliven garnieren. Man kann auch das Suppengemüse in dünne Scheiben schneiden und ebenfalls marinieren. Es wird dann bergartig in der Mitte des Rindfleisches angerichtet. Dazu serviert man eine kalte Sardellensoße

Rindfleisch à la Vinaigrette

Gekochtes Rindfleisch in Scheiben, pro Scheibe 1 entgrätetes Sardellenfilet, 2 hartgekochte, geviertelte Eier, Cornichons, feingehackte Kräuter (Petersilie, Kerbel, Schnittlauch), Pfeffer, Salz, Essig, Öl

Das gekochte Rindfleisch auf einer runden Schüssel gefällig anrichten. Auf jede Scheibe Fleisch ein Sardellenfilet und ein Cornichon legen. Die Eier in die Mitte geben. Alles mit Salz, Pfeffer und Kräutern bestreuen und mit gut verrührtem Essig und Öl begießen.

Gepreßtes Rindfleisch

750 g gekochtes Rindfleisch (nach Grundrezept), 6 bis 8 Blatt eingeweichte und ausgedrückte Gelatine, etwas Essig, 3/4 l Rindsuppe

Das Fleisch mit Gewichtern beschwert auskühlen lassen, die Suppe entfetten und etwas säuern. Das Rindfleisch in ein passendes Gefäß legen und mit der Suppe, in der die Gelatine aufgelöst wurde, übergießen. Das Fleisch muß bedeckt sein. Erstarren lassen und in Scheiben schneiden. Mit Essig und Öl marinieren oder mit Mixed pickles servieren.

Rindfleischsalat

250 g gekochtes Rindfleisch, 4 hartgekochte Dotter, 1/8 l Rahm, Öl, 1 Eßlöffel feingehackter Estragon, 1 feingehackte Schalotte, Pfeffer, Salz

Das Rindfleisch in feine Streifen schneiden. Aus den übrigen Zutaten eine Salatsoße rühren und mit dem Fleisch vermischen. Auf einer Schüssel bergartig anrichten.

Tafelspitz mit Karotten-Schwammerl-Salat

750 g in der Suppe erkalteter Tafelspitz (nach Grundrezept), 500 g gemischte Schwammerl, Butter, 2 feingehackte Schalotten, Salz, Pfeffer, 1 Bund Schnittlauch, 2 Karotten, Sherryessig, Estragonessig, Olivenöl, Kürbiskernöl

Den Tafelspitz in dünne Scheiben schneiden und auf Tellern auflegen. Die geputzten Schwammerl in etwas Butter scharf anbraten. Schalotten dazugeben und mit Salz und Pfeffer würzen. Aus Essig, Öl und etwas Suppe eine Marinade rühren und die Schwammerl darin marinieren. Die Karotten zu Julienne schneiden, blanchieren und zu den Schwammerln geben. Über die Fleischscheiben schöpfen und mit Schnittlauch bestreuen.

Tafelspitzsulz mit Bieressigsoße

500 g gewürfelter, gekochter Tafelspitz, 500 g gewürfeltes, in Salzwasser gekochtes Gemüse (Porree, Karotten, Sellerie), 1/2 l Rindsuppe, 6 Blatt geweichte, ausgedrückte Gelatine, 2 Eßlöffel Rotweinessig, Salz, Pfeffer, 2 dl Bieressig, 1 dl Öl, 1 feingehackte rote Zwiebel, 1 hartgekochtes Ei, 2 Eßlöffel Schnittlauch, Blattsalate

Fleisch und Gemüse vermischen, mit Rotweinessig beträufeln und 1 Stunde kaltstellen. Rindsuppe erhitzen, mit Salz und Pfeffer abschmekken, Gelatine einrühren. Gemüse-Fleischmischung in Souffléformen füllen, mit der Suppe auffüllen und über Nacht in den Kühlschrank stellen. Vor dem Stürzen kurz in heißes Wasser tauchen. Für die Soße die Zwiebel mit Bieressig und Öl vermischen, das gehackte Ei dazugeben und abschmecken. Sülzchen auf einen Teller geben, mit Blattsalaten garnieren und mit der Soße überziehen. Mit Schnittlauch bestreuen. Tafelspitzsulz kann man auch mit Sauce tartare oder nur mit Blattsalaten servieren.

RINDFLEISCHTELLER UND RINDFLEISCHWAGEN

Vom Servieren des gekochten Rindfleisches

»Zum Vorlegen gehören eigendlich 5. Gabeln und 4. Messer / wie in der Figur zu sehen [...] Mit der Gabel Num. 3. oder 4. und Messer Num. 2. wird das Fleisch / so in Suppen [...] gesotten [...] und dergleichen Sachen vorgelegt [...]«. Diese praktische Anleitung stammt von Andreas Klett, der um 1657 sein *Neu Vermehrt- Nützliches Trenchier-Buch* herausbrachte. Das 23. Kapitel ist überschrieben *Wie man Rind- und ander gesotten Fleisch zerschneiden und fürlegen soll.* Darin lehrt er den angehenden Vorschneider folgendes: »So man dasselbe [das gekochte Fleisch] auff der Gabel zerlegen will / muß es sein recht Gewicht / nemlich vier oder fünff Pfund zum wenigstens haben / zu welchen man die grosse Gabel Num. 2. und das Messer Num. 1. gebrauchet / und wird imbrochiret / daß es auff einer seite nicht mehr wiege als auff der andern / im übrigen werden dünne schnüttlein überzwerch geschnitten und alsbald drey oder vier auf einmahl davon präsentiret. Das zerschnittene Fleisch so in Suppen lieget / und auff die Taffel getragen wird / soll von den Trenschicanten noch einmahl doch nach Gelegenheit zerschnitten werden.«

Das Wiener Rindfleisch war Köchen und Kochbuchautoren immer ein Anliegen. Es ging nicht nur um die Kunst des Vorlegens und Schneidens – ein falscher Schnitt, sowohl des Fleischers als auch beim Zurichten in der Küche, konnte die ganze Rindfleischherrlichkeit verderben. Auch das Anrichten bzw. die Beilagen spielten eine wichtige Rolle. Gemüse und Soßen waren die traditionellen Begleiter von gekochtem Rindfleisch. Aber schon in der ersten Hälfte des 18. Jahrhunderts zweifelte F. G. Zenker, der ehemalige Mundkoch der Fürsten Schwarzenberg, die Zeitgemäßheit dieser Beilagen an und gab sich modern und »innovativ«: »Der Brauch, das gekochte Rindfleisch einfach mit einem dünnen Kränzchen von grüner Petersilie auf den Tisch zu stellen, und ein paar Soßen beizugeben, fängt nun an abzukommen«, schrieb er 1846 in seiner *Küche des wohlhabenden Wieners.* »So wird z. B. das gesottene Tafelstück transchirt in die Mitte der Schüssel gethan; an die eine Seite kömmt ein beliebiges Gemüse, auf die andere gewöhnlich klein geschnittene oder ausgestochene und braungebackene, oder in Butter weiß gedünstete Erdäpfel, die dritte Stelle nehmen Bratwürstchen, die vierte Coteletten oder etwas ähnliches ein, oben auf über das Fleisch selbst (freilich nur wenn das Gericht elegant erscheinen soll) etwas Gespicktes, als Lungenbraten, oder Kalbsbrust oder auch Kalbsbriese. Hierin läßt sich eine große Mannigfaltigkeit erstreben, eine Soße, grüne saure Gurken, Rotherüben [sic!] (die mit einem Ausstecher gleich groß ausgestochen werden), in Essig gelegte Champignons u. d. gl. werden besonders beigesetzt. […] Diese Weise anticipirt den Luxus, aber den angenehmsten von der Welt. Dem Verständigen, und dem Feinesser, deren keiner viel auf einmal auf seinen Teller heraus nimmt, wird gleich zu Anfang des Mahles eine Wahl dargeboten, die da beiträgt, ihn gut zu stimmen.« Zenker stand noch in der Tradition des *Service à la française*, bei dem besonderer Wert auf die Optik der auf dem Tisch stehenden Schüsseln gelegt wurde. Heute wird gekochtes Rindfleisch durchaus nicht mehr mit anderen Fleischgerichten aufgetragen und die Beigabe von Soßen ist zum Glück nicht obsolet geworden. Das *Service à la française* bedeutete, daß alle Speisen einer Mahlzeit zu einzelnen *Trachten* (von »tragen« aus der Küche) zusammengefaßt wurden. Rindfleisch gehörte zu den Gerichten der ersten Tracht, wenn die gesamte Mahlzeit aus drei Trachten bestand. Zur ersten Tracht wurden Suppen, Hors d'œuvre, gekochtes Fleisch und Gemüse serviert. Anschließend folgten Braten und Desserts. Als sich im Laufe des 19. Jahrhunderts die Servierform änderte und das *Service à la russe* in Mode kam, wurde gekochtes Rindfleisch als *Relevé*, also als Hauptfleischgang, auf die Tafel gebracht. Der Höhepunkt eines Menüs blieb aber der Braten.

Noch um die Wende vom 19. zum 20. Jahrhundert legte man auf die Art und Weise, wie gekochtes Rindfleisch angerichtet wurde, wesentlich mehr Augenmerk als heute. Anna Drubele lehrt in ihrem Kochbuch *Die junge Hausfrau* folgendes: »Gekochtes Rindfleisch wird schön hergerichtet und in Scheiben geschnitten. Darauf wird das Fleisch auf eine längliche Schüssel geordnet, und mit Salz bestreut. Bei festlichen Gelegenheiten wird das Fleisch entweder mit eingelegten Schwämmen und Gemüse belegt wie z. B. mit gedünsteten gelben Rüben, grünen Schnittbohnen, Wasserrüben oder Blumenkohl. Auch wird das Fleisch mit gedünstetem Reis und Gänseblut, Reis mit Selchfleisch oder Makkaroni mit Parmesankäse garniert.« Viele dieser Vorschläge sind im Laufe der Zeit verlorengegangen. Allerdings haben die heutigen, sogenannten klassischen Beilagen zum gekochten Rindfleisch keine größere Berechtigung als all die übrigen, die bei den Wienern nach langen Jahren der Entwicklung Anklang fanden.

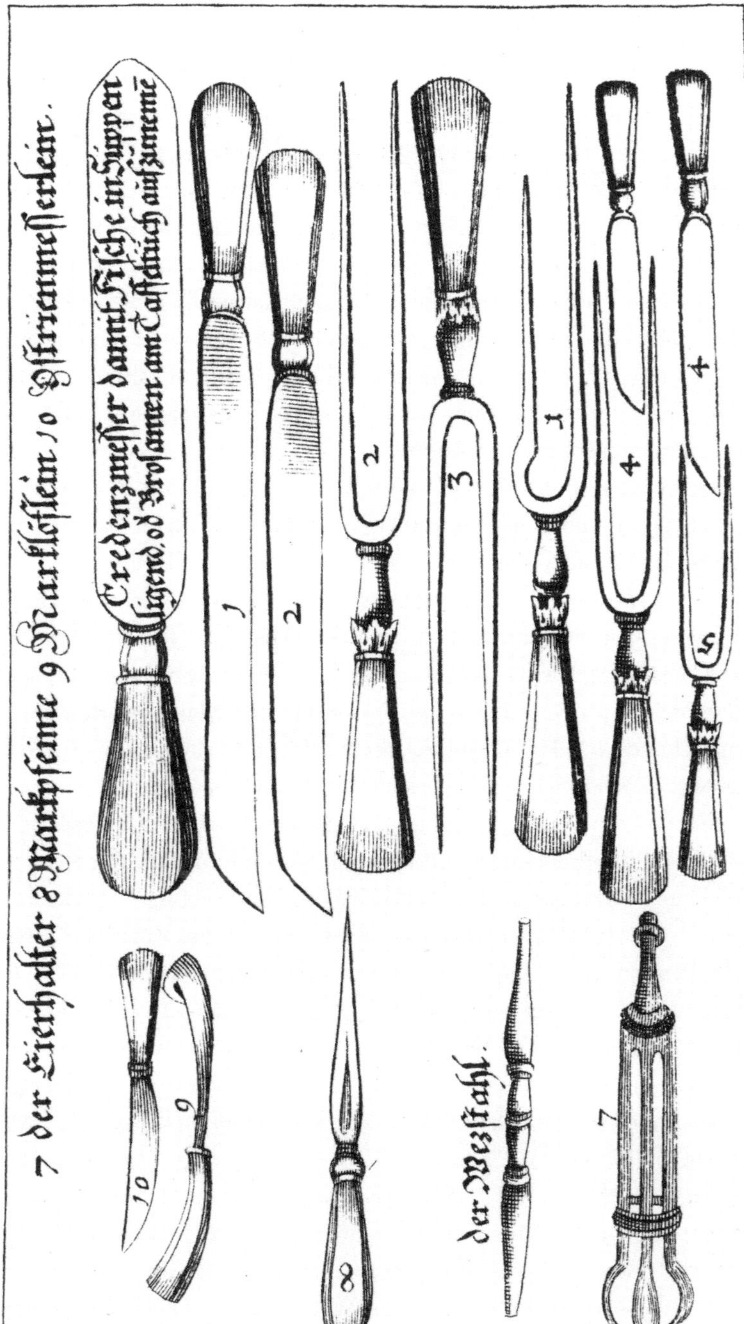

Tranchierbesteck im Werk von Andreas Klett

In den neunziger Jahren des 19. Jahrhunderts wurde in Wien der *Rindfleischteller* entwickelt. Dies war ein runder oder ovaler (seltener rechteckiger) Teller, in dessen Mitte sich eine größere Vertiefung für das gekochte Rindfleisch und die Suppe befand. Um diesen Mittelteil waren sechs bis zwölf Abteilungen angeordnet, in denen die Beilagen zum Rindfleisch Platz fanden. In der Luxusvariante mit zwölf Abteilungen konnten folgende Zuspeisen serviert werden: Karotten, grüne Erbsen, Rotkraut, Petersilerdäpfel, Kohlrüben, Kaviar, grüner Salat, Bohnensalat, rote Rüben, Essiggurken, Erdäpfelsalat und Senf. Viele dieser Beilagen sind uns heute beim gekochten Rindfleisch nicht mehr geläufig. Andererseits belegt die obige Aufzählung aus dem Jahr 1904, daß sich die Begleiter des Rindfleisches nicht in Schnittlauchsoße, Apfelkren und Erdäpfelschmarren erschöpften.

Der Erfinder des Rindfleischtellers ist vermutlich der 1864 in Czuz (Ungarn) geborene Philipp Aigner. Von ihm ist leider sehr wenig bekannt. Im Jahr 1896 meldete er im 2. Wiener Gemeindebezirk den *Verschleiß von Haus- und Küchengerätschaften* als freies Gewerbe an. Möglicherweise kam er aufgrund seiner Handelstätigkeit auf die Idee, der Leidenschaft der Wiener für gekochtes Rindfleisch Rechnung zu tragen und gemeinsam mit wahrscheinlich böhmischen Manufakturen einen entsprechenden Teller zu entwickeln. Seine Teller sind nicht gemarkt. Dies war im österreichischen Geschirrhandel durchaus üblich, denn die Händler wollten dem Publikum keine Hinweise auf den Hersteller der jeweiligen Produkte geben und dadurch verhindern, daß die Kunden direkt beim Erzeuger kauften und den Handel umgingen. Jedenfalls erhielt Aigner für den von ihm eingeführten Teller das Patent in Österreich, Ungarn und England, für Deutschland den Musterschutz. Die Teller waren entweder aus Porzellan oder aus Steingut gefertigt. Aigner war ein ideenreicher Mensch, der sich weitere Erfindungen patentieren ließ, u. a. einen abschraubbaren Griff für Porzellangeschirre, eine Waschrumpel mit Porzellan- oder Glasteilen und einen flexiblen Schuhstrecker.

Aigners 1889 in Wien geborener Sohn Arthur Hans führte das Geschäft ab 1924 weiter und versuchte sich auch in der Gastronomie. 1914/15 hatte er einen Gastgewerbebetrieb in der Rotensterngasse, 1916/17 schenkte er im Dianabad aus. Während dieser Zeit führte Hans Aigner das Geschirrgeschäft weiter, dann verliert sich die Spur. 1951 wurde die Firma bei der Wiener Handelskammer gelöscht.

Nach dem Zusammenbruch der Habsburgermonarchie half Aigner sein Patent offensichtlich nicht mehr. Die Porzellanmanufakturen in

Werbung von Philipp Aigner 1898

Schönwald und Altrohlau (damals: Tschechoslowakei) kopierten seine Teller und selbst nach dem Zweiten Weltkrieg erinnerte man sich wieder an den Rindfleischteller. Unter dem Namen *Lilienporzellan* wurde er von der Wilhelmsburger Manufaktur in kleinerer Version (mit sechs Abteilungen) vornehmlich für die Gastronomie hergestellt. Solche Teller waren zu jener Zeit beispielsweise im *Hotel Wiesler* (Graz) und in den Wiener Hotels *Imperial* und *Astoria* üblich. (Laut Auskunft von Ewald Plachutta wurden in den fünfziger Jahren des 20. Jahrhunderts diese Rindfleischteller folgendermaßen belegt: In der Mitte befand sich das gekochte Rindfleisch mit etwas Suppe und Schnittlauch. Im Uhrzeigersinn von links oben richtete man in den sechs Abteilungen Rösterdäpfel, Apfelkren, Essigkren, Schnittlauchsoße, Crèmespinat und eingemachtes Gemüse an.)

Eine weitere Besonderheit der Wiener Küche war der *Rindfleischwagen*, der heute kaum mehr in der Gastronomie anzutreffen ist. Die ursprüngliche Idee der Speisewagen (auch Hors d'œuvre-Wagen bzw. *Guéridon* genannt) war die gefällige Präsentation von kalten oder warmen Speisen. Der Gast konnte nach Laune auswählen und auch rasch vom Personal bedient werden. Das spezielle »Innenleben« dieser Wagen ermöglichte eine Kühlung bzw. das Warmhalten der Speisen. Erfinder des Guéridons war vermutlich die französische Metallwarenfabrik Christofle, die diese Wagen für Pariser Restaurants und Hotels erzeugte. In Österreich stellte die Berndorfer Metallwarenfabrik Arthur Krupp ebenfalls solche Wagen her. Die Speisewagen waren mit einer Heißwasserheizung (mit Spiritusrechaud) ausgestattet und mit einer großen Glocke zum Warmhalten abgedeckt. Unter der Glocke befanden sich Abteilungen für verschiedene gekochte Rindfleischsorten sowie gekochte Zunge in heißer Rindsuppe. Auch andere Beilagen zum Rindfleisch, z. B. Erdäpfelschmarren, Gemüse, warme Soßen etc., konnten in dem Wagen warmgehalten werden. Dem Gast war es möglich, sich nach Herzenslust vorlegen zu lassen.

Im Jahr 1959 ließ Pedro Masana, als er seinen Dienst im Restaurant St. Stephan im Haas-Haus antrat, den Rindfleischwagen wieder aufleben. Nach seinen Vorstellungen fertigte die Wiener Firma Baumgartner solche Wagen wieder an. In Wien selbst wird heute – soweit bekannt – nur mehr ein Rindfleischwagen benützt: Im Restaurant des Hotels zum *König von Ungarn* ist er täglich im Einsatz. Die Gäste finden auf ihm Tafelspitz, Schulterscherzel und Beinfleisch. Als Beilagen gibt es Erdäpfelschmarren, eingemachtes Gemüse, Schnittlauchsoße und Apfelkren. Auch in *Pedro's Landhaus* in Kasten (Niederösterreich)

30994

30994, 116 × 89·6 × 46 cm

Rindfleischwagen der Berndorfer Metallwaren-Fabrik 1911

wird jeden Samstag ein Rindfleischwagen verwendet, der den Gästen die Möglichkeit bietet, aus klassischen Rindfleischgerichten zu wählen: Tafelspitz, Schulterscherzel und Rindszunge. Dazu werden Suppe, Erdäpfelschmarren, Soßen und Gemüse serviert.

WARME SOSSEN

Bärlauchsoße

1 Bund Bärlauch, 1/2 l Rindsuppe, 40 g Butter, 40 g Mehl, 4 Eßlöffel Obers, Salz, Pfeffer, Muskat

Die Butter schmelzen und das Mehl einrühren. Mit der Suppe aufgießen und 5 Minuten köcheln lassen. Den Bärlauch in feine Streifen schneiden. Die Soße mit Obers legieren und abschmecken. Vor dem Servieren den Bärlauch darunterrühren.

Bertramsoße

Zutaten wie bei Dillsoße (siehe folgendes Rezept), statt Dille Bertram verwenden.

Dillsoße

60 g Butter, 60 g Mehl, gehackte Petersilie, 1/2 l Rindsuppe, 1/8 l Rahm, Essig, Salz, Pfeffer, Zucker, 1 Bund feingehackte Dille

Petersilie in Butter rösten, mit Mehl stauben und mit Suppe aufgießen. Dille und Rahm dazugeben und gut verkochen lassen. Mit den Gewürzen abschmecken.

Englische Selleriesoße

1 Sellerie, 60 g Butter, 40 g Mehl, Rindsuppe, Salz, Pfeffer, Zitronensaft, 1 Dotter

Die Sellerie in Salzwasser weichkochen und in kleine Würfel schneiden. Aus Butter, Mehl und Suppe eine Buttersoße bereiten und die Sellerie hineingeben. Abschmecken und mit dem Dotter legieren.

Erdäpfelsoße

300 g gekochte, geschälte kleine Erdäpfel, 50 g Butter, 3 g Mehl, 1 feingeschnittene Schalotte, 1 Lorbeerblatt, 1/2 l kräftige Rindsuppe, etwas Weinessig, Salz

Aus Butter und Mehl eine hellbraune Einbrenn bereiten. Schalotte und Lorbeerblatt dazugeben, mit Suppe aufgießen und gut verkochen lassen. Mit etwas Essig säuern und salzen. Durch ein Sieb streichen und die in Scheiben geschnittenen Erdäpfel in der Soße nochmals aufkochen lassen.

Estragon-Senfsoße

1 feingehackte Schalotte, 3 Stiele Estragon, 60 g Butter, 4 Eßlöffel Mehl, 1/4 l Rindsuppe, 2 Eßlöffel französischer Senf, Salz, schwarzer Pfeffer, etwas Zitronensaft, Zucker nach Geschmack, 2 Eßlöffel Obers

Die Schalotte in Butter anlaufen lassen, das Mehl dazugeben und mitrösten. Mit Suppe aufgießen und glattrühren. Senf, Salz, Pfeffer, Zitronensaft und Zucker in die Einmach geben und verkochen. Die Estragonblättchen abzupfen, fein hacken und mit dem Obers in die Soße rühren. Am Herd 2 Minuten ziehen lassen, eventuell nachwürzen.

Falsche Schneckensoße

40 g Butter, 50 g feingeschnittener Frühstücksspeck, 50 g feingeschnittene Sellerie, gehackte Petersilie, 5 Pfefferkörner, 1/16 l Rindsuppe, 1/16 l trockener Weißwein, 1 Sardelle, etwas Zitronenschale und -saft, Mehl, 2 Dotter

Sellerie in Butter und Speck anlaufen lassen. Mit Suppe und Wein aufgießen, alle Würzstoffe beifügen und gut verkochen. Mit Mehl zu einer Soße binden und durchseihen. Mit den Dottern legieren, nicht mehr kochen lassen.

Frische Gurkensoße

1 Salatgurke, 40 g Butter, Einbrenn (aus 40 g Butter, 1 feingeschnittenen Schalotte und 2 g Mehl), Rindsuppe, Salz, Pfeffer, gehackte Petersilie, eventuell Essig

Die Gurke schälen und in feine Scheiben schneiden. In Butter dünsten. In der Zwischenzeit die Einbrenn zubereiten. Die Gurke zur Einbrenn geben, mit etwas Suppe aufgießen und gut verkochen. Abschmecken, eventuell mit Essig etwas säuern und die Petersilie darunterrühren.

Gurkensoße

Grundrezept Dillsoße *(siehe S. 95)**, 150 g feinblättrig geschnittene Salzgurken*

Die Dillsoße fertigstellen und zum Schluß die Gurken daruntermischen.

Heringsoße

2 gewässerte Heringe, Wein, Essig, 50 g Butter, 1/8 l Weißwein, gestoßene Muskatblüte, etwas Zucker, Kapern nach Geschmack, etwas Zitronenschale

Die in Stücke geschnittenen Heringe werden einige Stunden in den mit Essig vermischten Wein eingelegt. Danach die Heringe fein hacken und in Butter dünsten. Mit Wein und den Gewürzen gut verkochen.

Kapernsoße

Einbrenn aus 40 g Butter und 40 g Mehl, 1 Eßlöffel gehackte Kapern, 1 feingehackte Schalotte, gehackte Petersilie, 3/8 l Rindsuppe, Pfeffer, Salz, 1/8 l Rahm

In der Einbrenn röstet man Kapern, Schalotte und Petersilie an. Mit Suppe aufgießen, würzen und gut verkochen lassen. Rahm dazugießen. Noch 10 Minuten ziehen lassen.

Knoblauchkren

1 Semmel, 1/4 l fette Rindsuppe, 2 Zehen Knoblauch, 2 Eßlöffel gerissener Kren

Die Semmel mit der Suppe gut verkochen. Den Knoblauch zerdrücken und mit dem Kren in der Panade verrühren. Eventuell salzen.

Knoblauchsoße

50 g Butter, 40 g Mehl, 8 zerdrückte Knoblauchzehen, 1 kleine, gehackte Schalotte, gehackte Petersilie, 1/2 l Knochensuppe, Salz, Pfeffer

Aus Butter und Mehl eine Einbrenn bereiten, Knoblauch, Schalotte und Petersilie kurz anrösten. Mit Suppe aufgießen und verkochen lassen. Abschmecken.

Kräutersoße

1 dl Weißwein, Salz, Pfeffer, 70 g Butter, 40 g Mehl, je 150 g kleingehackte Champignons und Schalotten, 50 g gehackte Petersilie, 30 g Butter, Rindsuppe

Weißwein mit Salz und Pfeffer auf die Hälfte einkochen. Aus Butter und Mehl eine gelbe Einbrenn bereiten, mit Suppe und eingekochtem Wein aufgießen und 15 Minuten verkochen lassen. In der Zwischenzeit Champignons, Petersilie und Schalotten in Butter dünsten, salzen und pfeffern. Die Champignons zur Einbrenn geben, 5 Minuten verkochen lassen, eventuell mit etwas Suppe verdünnen.

Krensoße

50 g Butter, 40 g Mehl, 1 Kaffeelöffel Senf, Salz, Pfeffer, etwas geriebener Ingwer, 1/2 l Rindsuppe, Zucker, 100 g gerissener Kren

Mehl in Butter anschwitzen, mit Senf und den Gewürzen verrühren. Mit Suppe aufgießen und verkochen lassen. Den Kren darunterrühren und mit etwas Zucker abschmecken.

Lebersoße

150 gekochte, feinst gehackte Kalbs- oder Rindsleber, 40 g Butter, Pfeffer, Salz, Essig, Petersilie

Die Leber mit der warmen Butter verrühren. Würzen, eventuell mit etwas Essig säuern und mit Petersilie bestreuen.

Majoransoße

1 Eßlöffel Abschöpffett, 30 g Mehl, gemahlener Kümmel, Rindsuppe, 1/2 feingeschnittene Zwiebel, 1 zerdrückte Knoblauchzehe, Salz, frische Majoranblätter

Aus Abschöpffett, Zwiebel und Mehl eine Einbrenn bereiten. Mit Suppe aufgießen und würzen. Gut verkochen lassen und abseihen. Frische Majoranblätter nach Geschmack dazugeben.

Mandelkren

Grundrezept Oberskren (siehe S. 100), 100 g abgezogene, grob geschnittene Mandeln

Die Herstellung ist dieselbe wie beim Oberskren. Allerdings läßt man die Mandeln mit dem Mehl in Butter anrösten.

Melonensoße

40 g Butter, 20 g Mehl, feingeschnittene (Wasser-)Melone nach Geschmack, etwas Rindsuppe, Essig, Zucker, Pfeffer, eventuell Salz

Aus Butter und Mehl eine Einbrenn bereiten, Melone und Suppe dazugeben und abschmecken. Anschließend passieren.

Milzsoße

250 g passierte Rindsmilz, 70 g Butter, 50 g Mehl, 1/8 l Rindsuppe, Salz, Pfeffer, 1/16 l Rahm

Aus Butter und Mehl eine Einmach bereiten, Milz und Rindsuppe dazugeben, aufkochen lassen, würzen und mit Rahm gut verkochen.

Nierensoße

2 gut gewässerte, feinst gehackte Schweinsnieren, 1 Eßlöffel Butter, 1 kleine, feingeschnittene Zwiebel, Salz, Pfeffer, gemahlener Kümmel, 1/8 l Rindsuppe, Mehl

Zwiebel in Fett anrösten, die Nieren, die Gewürze und etwas Mehl beifügen. Mit Suppe aufgießen und zu einer sämigen Soße verkochen.

Oberskren

40 g Mehl, 40 g Butter, Muskatnuß, 1/4 l Milch, 1/4 l Obers, Salz, Zucker, 100 g gerissener Kren

Mehl in Butter anschwitzen und mit Milch und Obers aufgießen. Eine Weile verkochen lassen, mit Salz, Muskatnuß und Zucker abschmekken. Kren hineingeben und die Soße noch einmal aufwallen lassen.

Paradeissoße

etwas feingeschnittenes Wurzelwerk, 1 feingehackte Schalotte, 1 feingehackter Selchknochen, Pfefferkörner, 50 g Butter, 30 g Mehl, 500 g frische, zerrissene Paradeiser (oder Paradeismark), 1/2 l Suppe, Salz, Essig, Zucker

Wurzelwerk, Knochen, Schalotte und Pfefferkörner in Butter anrösten, mit Mehl stauben und mit Suppe aufgießen. Die Paradeiser dazugeben und gut verkochen lassen. Würzen und vor dem Servieren passieren.

Petersilsoße

1 Handvoll Petersilgrün, 40 g Butter, 2 Kochlöffel Mehl, 1/8 l Rindsuppe, etwas Essig, 1/8 l Rahm, Salz

Die feingehackte Petersilie in Butter andünsten. Das Mehl dazugeben und anrösten lassen. Mit Rindsuppe und Rahm aufgießen und gut verkochen lassen. Mit etwas Essig und Salz abschmecken.

Pikante Soße

1 feingeschnittene Zwiebel, 50 g feingehackter, roher Schinken, 40 g Butter, 1 Eßlöffel Mehl, 1/2 l Rindsuppe, 1/2 Lorbeerblatt, 2 Nelken, 1 Glas Weißwein, 1 Eßlöffel Estragonessig, Salz, etwas Zucker

Schinken, Zwiebel und Mehl in Butter dünsten. Mit Suppe und Wein aufgießen und mit den Gewürzen gut verkochen. Durch ein Sieb streichen.

Rahmsoße

300 g kleinst zerhackte Kalbsknochen, 40 g Butter, 40 g Mehl, 3/8 l Rindsuppe, 1/8 l Rahm, Zitronenschale, Zitronensaft, Salz, weißer Pfeffer

Knochen salzen und in Butter anrösten. Stauben, mit Suppe und Rahm aufgießen. Gut verkochen lassen, würzen und durch ein Sieb passieren.

Rettichsoße

1/2 weißer Rettich, 40 g Butter, 20 g Mehl, gehackte Petersilie, Salz, geriebene Muskatnuß, 2 Eßlöffel Rahm, 1/8 l Rindsuppe

Mit Butter und Mehl eine Einbrenn machen, feingehobelten Rettich dazugeben und aufgießen. Verkochen lassen. Würzen, mit Rahm und eventuell noch etwas Suppe verdünnen.

Sardellensoße

40 g Butter, 40 g Mehl, 4 entgrätete Salzsardellen, 1 feingehackte Schalotte, gehackte Petersilie, 1/2 l Rindsuppe, Pfeffer, Zitronensaft

Aus Butter und Mehl eine lichte Einbrenn bereiten, Sardellen, Schalotte und Petersilie kurz mitrösten. Mit Suppe aufgießen und verkochen. Mit Pfeffer und Zitronensaft abschmecken.

Sauerampfersoße

50 g Butter, 150 g Sauerampfer, 1/8 l Rindsuppe, etwas Mehl, Salz, 1/8 l Rahm

Die gut gewaschenen Sauerampferblätter werden in Butter gedünstet. Dann staubt man mit etwas Mehl, vergießt mit Rindsuppe und Rahm und läßt das Ganze köcheln. Danach durch ein Sieb streichen und mit Salz abschmecken.

Saure Gurkensoße

40 g Butter, 40 g Mehl, 1 feinst gehackte Schalotte, gehackte Petersilie, 1 zerdrückte Knoblauchzehe, 3/8 l Suppe, 150 g feinblättrig geschnittene Essiggurken, 2 Kaffeelöffel feingehackte Dille, Salz, Pfeffer, 1/8 l Rahm

Aus Butter und Mehl eine Einbrenn bereiten, Schalotte, Petersilie und Knoblauch anrösten. Mit Suppe aufgießen und gut verkochen. Gurken und Dille hineingeben, abschmecken und den Rahm einrühren. Nochmals aufkochen lassen.

Schalottensoße

40 g Butter, 2 feingeschnittene Schalotten, 20 g Mehl, Rindsuppe nach Bedarf, 2 Eßlöffel Rahm, Salz

Die Schalotten in Butter anschwitzen, das Mehl dazugeben und anrösten. Mit Rindsuppe und Rahm verkochen. Mit Salz abschmecken.

Selleriesoße

1 halbe Sellerie (fein geschnitten), 1/4 l Rindsuppe, Einbrenn, Salz, grüne gehackte Sellerieblätter

Die Sellerie in Suppe weichkochen. Mit Einbrenn binden und etwas verkochen lassen. Passieren und salzen. Sellerieblätter unterrühren.

Semmelkren

1/2 l Rindsuppe, 1 1/2 alte Semmeln, einige Fäden Safran (schönere Farbe!), 4 Eßlöffel frisch gerissener Kren, Salz, Zucker, Weißweinessig

Die Suppe mit den Semmeln und dem Safran einkochen lassen, eventuell mixen. Mit Salz, Zucker und Essig abschmecken. Den Kren darunterheben. Man kann die Soße mit etwas Obers oder Dotter verbessern.

Senfsoße

60 g Butter, 40 g Mehl, 1/4 l Rindsuppe, 2 Dotter, Senf nach Geschmack

Aus Mehl und Butter eine Einbrenn bereiten, mit Suppe aufgießen und gut verkochen lassen. Danach die Soße mit den Dottern legieren und nach Geschmack mit Senf verrühren.

»Soße zum Rindfleisch«

40 g Butter, 20 g Mehl, 2 feingehackte Schalotten, Rindsuppe, 5 kleine, geputzte und in Scheiben geschnittene Morcheln, eventuell Salz und Pfeffer

Die Schalotten in Butter anlaufen lassen und das Mehl dazugeben. Mit Suppe aufgießen, die Morcheln hineingeben und gut verkochen lassen. Eventuell nachwürzen.

Spanische Soße

1 gelbe Rübe, 1/2 Sellerie, 1 Petersilwurzel, 50 g Speck, 50 g Kalbfleisch, Mehl, Rindsuppe, 1/8 l Weißwein, Salz, Pfeffer, Zitronensaft

Wurzelwerk, Speck und Fleisch fein schneiden und dünsten. Mit Mehl stauben, mit Suppe und Wein aufgießen und gut verkochen lassen. Durch ein Sieb streichen und abschmecken.

Stachelbeersoße

250 g Stachelbeeren, 1/8 l Rindsuppe, Einbrenn, 2 Dotter

Die Stachelbeeren in Rindsuppe ganz weich kochen. Einbrenn dazugeben und verkochen lassen. Durch ein Sieb streichen und mit den Dottern legieren.

Steinpilzsoße

500 g geputzte Steinpilze, 1 feingehackte Schalotte, 70 g Butter, 4 g Mehl, 1/4 l Rindsuppe, Salz, Pfeffer, eventuell Zitronensaft, gehackte Petersilie

Die Steinpilze kurz in Salzwasser blanchieren und fein schneiden. Aus Schalotte, Butter und Mehl eine Einbrenn bereiten. Suppe und Pilze dazugeben und gut verkochen lassen. Würzen und mit Zitronensaft abschmecken. Mit Petersilie bestreuen.

Suppenkren

40 g Butter, 20 g Mehl, Rindsuppe nach Bedarf, geriebener Kren, Salz

Mehl und Butter gut verkneten und mit der Suppe zu Soßenkonsistenz kochen. Mit Kren und Salz nach Geschmack verrühren.

Wurzelmarmelade

Wurzelgemüse vom Suppenkochen, Rindsuppe

Das Wurzelgemüse grob schneiden und mit Rindsuppe etwas einkochen lassen. Mit dem Mixer pürieren, eventuell nachsalzen.

Zitronensoße

50 g Butter, 30 g Mehl, 1/8 l heiße Suppe, Saft einer halben Zitrone, 2 Dotter

Mehl mit zerlassener Butter verrühren und mit Suppe verkochen. Zitronensaft beifügen und mit den Dottern legieren. Zur Geschmacksintensivierung kann man noch etwas Zitronenschale beifügen.

Zwiebelsoße

60 g Butter, 30 g Zucker, 200 g nudelig geschnittene Zwiebeln, 30 g Mehl, Salz, Pfeffer, 2 Eßlöffel Weinessig, 1/2 l Rindsuppe

Zucker in Butter hellbraun rösten, die Zwiebeln dazugeben und goldgelb rösten. Mit Mehl stauben und mit Essig abschmecken. Rindsuppe dazugeben und gut verkochen lassen. Würzen und durch ein Sieb streichen.

Zwiebelsoße, braune

40 g Butter, 20 g Kristallzucker, 2 feingeschnittene Zwiebeln, 20 g Mehl, Rindsuppe nach Bedarf, Zitronensaft

Den Zucker in der Butter braun werden lassen. Dann die Zwiebeln dazugeben, mit dem Mehl stauben und mit Rindsuppe verkochen. Mit Zitronensaft säuern, eventuell salzen.

TAFELSTÜCK UND TELLERFLEISCH

Adelstafel und Bürgertisch

»Bei Gastmählern, die diesen Namen wirklich verdienen wollen, sollte man billig, statt des gesottenen Rindfleisches, Roastbeef geben, wenn man anders jenes nicht [...] zu ersetzen weiß, vermag, oder Willens ist.« Autor dieser Zeilen ist Antonius Anthus, aus einem bereits an anderer Stelle angeführten, ebenfalls negativen Kommentar zum gekochten Rindfleisch bereits bekannt. Aber weder der österreichische Adel noch der Kaiserhof und schon gar nicht das Bürgertum ließen sich vom Genuß gekochten Rindfleisches abhalten.

Das gekochte Rindfleisch hat in Wien eine sehr lange Tradition insbesondere wurde es auch am Kaiserhof und in adeligen Haushalten serviert. Kaiser Franz Joseph (1830–1916) machte das gekochte Rindfleisch sehr populär, weil er es fast täglich zu sich nahm. Man verband diese einfache bürgerliche Speise mit dem bescheidenen, persönlich anspruchslosen Monarchen.

Tatsächlich gab es das gekochte Rindfleisch bei Hof schon viel länger. Aus einer Speisenliste des Jahres 1680 ist ersichtlich, daß die Hofdamen täglich (mit Ausnahme der Fasttage) unter anderem Suppe und ein Suppenstück erhielten. Bei Hof wurde genau zwischen dem *Suppen-(oder Tafel-)Stück* und dem sogenannten *Siedfleisch* unterschieden, aus dem die Suppe gekocht wurde. Während das in der Suppe gekochte Suppenstück auf die »höheren« Tafeln kam, wurde das Siedfleisch an das Personal verteilt. Kaiser Karl VI. (1685–1740) wünschte, daß das Tafel- oder Suppenstück täglich auf seiner Tafel wechselte, und daß »jederzeit ein frisches, gerechtes, guttes, und khein untaugliches oder gar stünckendes Fleisch [...] oder etwas [...] unreines« serviert werde. Beim Rindfleisch wollte er kein mageres Fleisch, das Tafelstück mußte »faist« sein.

Diese Tradition wurde unter Kaiserin Maria Theresia (1717–1780) fortgesetzt. In Speisenlisten der Jahre 1739/40 wurde täglich (mit Ausnahme der Fasttage) Suppenfleisch aus der Hofzuschrott angefordert. Im Jahr 1744 gab es mittags immer ein Tafelstück oder einen Lungenbraten. Auch die Kammerfrauen, die Kammerherren und die höheren Bediensteten erhielten regelmäßig ihr Rindfleisch.

Kaiser Joseph II. (1743–1790) war ein sehr anspruchsloser Herrscher, der versuchte, bei seinen Untertanen übertriebenen Luxus einzudämmen. Eine Anekdote berichtet, daß auch dieser Habsburger gekochtes Rindfleisch und seine Beilagen sowie eine kräftige Rindsuppe zu schätzen wußte: »Der Kaiser aß mit Günther, seinem [...] Kabinettskonzipisten, in Schönbrunn zu Mittag. Es war zwei Uhr, und während Joseph mit wahrer Andacht seine Leberknödelsuppe schlürfte, phantasierte er von hundert Dingen. Bei einem solchen intimen Mittagessen durfte kein Lakai anwesend sein. Günther hatte nach jedem Gang mit einem goldenen Glöckchen zu läuten, worauf sich der Boden öffnete, der Tisch versank und mit dem nächsten Gang emporstieg. Man hielt noch immer bei der Suppe, die Joseph leidenschaftlich liebte. Günther mußte ihm aus der großen Porzellanterrine zum drittenmal den Teller füllen. Erst dann durfte er klingeln. Eine große Schüssel mit gekochtem Rindfleisch, flankiert von Schalen mit viererlei Gemüse und einem Kännchen Oberskren erschien, und einige Minuten lang aßen beide schweigend. Günther blickte auf, da er Josephs Augen auf sich gerichtet sah. – ›Die Dillensoße?‹ Er reichte sie dem Kaiser.« An dieser selbstverständlich erfundenen Geschichte ist nur die »Maschintafel« (ein großer Tisch auf Rollen und Seilen, der durch eine Öffnung im Fußboden versenkt werden konnte) authentisch; Kaiserin Maria Theresia hatte sie für Geheimverhandlungen einbauen lassen. Selbst Kaiserin Zita (1892–1989) erinnerte sich an die Überreste dieser Maschine in Schloß Schönbrunn. Diese kleine Geschichte macht deutlich, wie groß die Liebe der Habsburger zum gekochten Rindfleisch war und daß auch breitere Kreise davon wußten.

Unter Kaiser Franz II. (I.; 1768–1835) änderte sich nichts an der Gewohnheit, gekochtes Rindfleisch bei Hof zu essen. Als 1824 die bayerische Königsfamilie nach Wien kam, um an den Hochzeitsfeierlichkeiten von Erzherzog Franz Carl (1802–1878) und Prinzessin Sophie von Bayern (1805–1872) teilzunehmen, wurde bei den Familientafeln immer gekochtes Rindfleisch mit zwei Soßen aufgetragen. Aus dem Jahr 1836 hat sich eine Speisenliste der kaiserlichen Hausoffiziere erhalten, die von der Hofküche ihre Verpflegung erhielten: Das gekochte Rindfleisch wurde täglich nur durch die ständig wechselnde große Vielzahl an Beilagen variiert. Neben Erdäpfeln gab es zahlreiche Gemüsebeilagen (Kohl, gelbe Rüben, Spinat) und vor allem Soßen (Bertram-, Sardellen-, Haschee-, Gurken-, Schnittlauch-, Sauerampfer- und Paradeissoße). Zusätzlich wurden auch Senf und Kren serviert.

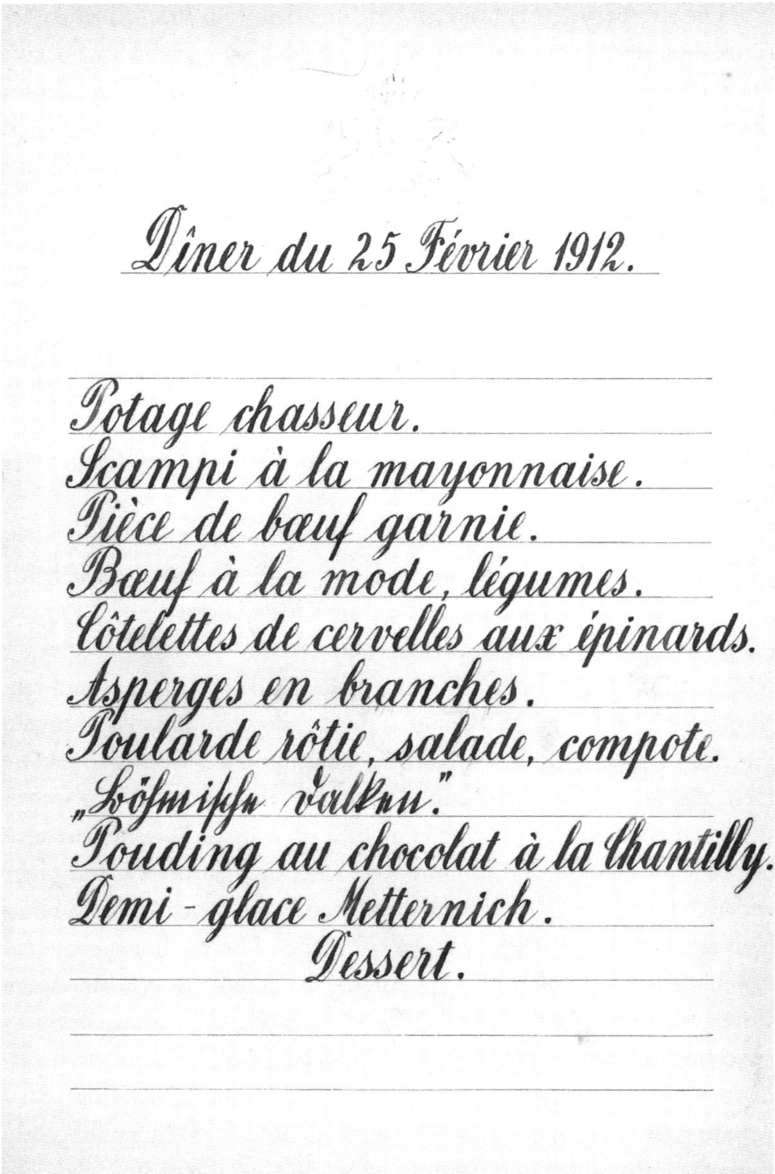

Dîner du 25 Février 1912.

Potage chasseur.
Scampi à la mayonnaise.
Pièce de bœuf garnie.
Bœuf à la mode, légumes.
Côtelettes de cervelles aux épinards.
Asperges en branches.
Poularde rôtie, salade, compote.
„Böhmische Dalken".
Pouding au chocolat à la Chantilly.
Demi-glace Metternich.
Dessert.

Entwurf eines Dîners vom Wiener Kaiserhof. Fast täglich stand ein Tafelstück mit Beilagen auf dem Speiseplan.

Die Kriege gegen Frankreich brachten dem Hof Probleme mit der Lebensmittelversorgung und der Wiener Bevölkerung eine Hungersnot. Auch Rindfleisch wurde zur Mangelware. Im Frühsommer des Jahres 1809 zogen sich die weiblichen Mitglieder der Familie Habsburg nach Ofen zurück. Von dort berichtete Erzherzogin Maria Ludovica (1791–1847; die spätere Gemahlin von Napoleon I.) an ihren Bruder, Erzherzog Franz Carl: Aus Wien kam »ein Kurier, der sagte, daß die Hungersnot schrecklich sey, das Kalbfleisch kostet 1 fl 30 x kein Brot bekommt man nicht, das Rindfleisch kostet 20 Kreuzer ist aber selten. Die alte [Gräfin] Schönborn schrieb Rudolf Wallis, daß sie 3 Personen bei Tisch sind, Suppe, Rindfleisch und Zugemüse, cren und 6 Gulden täglich vergehen.« Man kann sich leicht die Lage der ärmeren Bevölkerungsschichten vorstellen, deren Mitglieder manchmal nur um die 30 Gulden im Jahr verdienten.

Zur Zeit Kaiser Franz Josephs kam das gekochte Rindfleisch ebenfalls täglich mit Ausnahme der Fasttage auf die kaiserliche Tafel. Als *Pièce de bœuf garni* stand es stets auf den Menükarten seiner Dîners. Zum Déjeuner wurde gekochtes Rindfleisch nicht serviert. Speiste Kaiser Franz Joseph nämlich alleine, was recht häufig vorkam, bestand sein Mittagessen bloß aus zwei Gängen (Suppe, Fleisch- oder Fischspeise). Für ihn blieb bis zu seinem Tod die Hauptmahlzeit am Abend. Die Liebe des österreichischen Kaisers zu diesem einfachen Gericht sprach sich auch bei anderen Monarchen herum. Bei einem Kaiserdéjeuner in der deutschen Botschaft im Jahre 1908 fand sich auf dem Menü unter anderem auch *Bœuf bouilli,* gekochtes Rindfleisch. Auch Kaiserin Elisabeth schätzte Rindfleisch, zumindest in jenen Phasen ihres Lebens, in denen sie einigermaßen mit Appetit aß. Interessant ist ein Menüplan von ihrer Schiffsreise nach Madeira im Jahr 1860, nachdem sie Wien als angeblich Todkranke verlassen hatte: Suppe / Pastete / Rindfleisch garniert / Entrée / Gemüse / Braten und Salat / Mehlspeise / Kompott / Käse und Butter / Gefrorenes / Dessert und Obst. Sie verschmähte allerdings auch Roastbeef und Lungenbraten mit Gemüse nicht.

Als König Eduard von England 1904 wie jedes Jahr zur Kur in Marienbad weilte, kam es zu einem Treffen zwischen ihm und Kaiser Franz Joseph. König Eduard lud den österreichischen Monarchen zu einem Festdîner ins Hotel Weimar ein. Bei diesem Mahl vergaß der britische König nicht auf Kaiser Franz Josephs große Leidenschaft und ließ gekochtes Rindfleisch auftragen – und auf der Speisekarte auf Deutsch anführen. Diese Tatsache war der *Wiener Illustrierten Küchenzeitung* folgenden Bericht wert: »Es wird sicherlich beim Durchlesen des Menüs

Gedeckter Tisch in einem Adels- oder Großbürgerpalais in Wien um 1880

das Herz jedes Österreichers freudig bewegt sein, wenn er mitten in der traditionellen französischen Speisekarte eine Bezeichnung in unserer Muttersprache findet. Es klingt das echt österreichische Wort Tafelspitz so anheimelnd und beweist sehr liebenswürdig den Takt und die Aufmerksamkeit seitens König Eduards, daß er unserem Kaiser sein geliebtes, saftiges Stück Rindfleisch servieren ließ. Aber gleichzeitig wird unserer Wiener Küche damit von hoher Seite eine Anerkennung gezollt, und fürwahr gewiß gerechtfertigt.« Auch *Der Stammgast* berichtete über diese denkwürdige Mahlzeit, die des Wieners Leibspeise so sehr aufwertete: »Einer Wiener Spezialität ist bei der Monarchenbegegnung eine Auszeichnung zuteil geworden. [...] Auf dem Menu der Galatafel, die Englands Herrscher unserem Kaiser zu Ehren im Hotel Weimar in Marienbad veranstaltete, ist – unseres Wissens und Erinnerns zum erstenmal bei so hochfestlicher Gelegenheit – unser *einziger* Tafelspitz in der ihn so wunderbar würzenden Begleitung von Essigkren auf der Hoftafel erschienen. [...] Der Tafelspitz mit Essigkren hoftafelfähig – das ist die neueste Errungenschaft der Wiener Küche.«

Über die besonderen Gewohnheiten Kaiser Franz Josephs bei Tisch berichtete ein Gast an der kaiserlichen Tafel: »Eigentümlich berührt es, bei Tisch zu sehen, wie selten der Kaiser sich des Messers bediente; nur Löffel und Gabel traten in Verwendung. Die Fleischstücke mußten so mürbe sein, daß sie sich leicht zerteilen ließen. Die glänzend polierte Messerklinge gebrauchte er indes gerne als Spiegel.«

Kaiser Franz Joseph schätzte nicht nur das Rindfleisch, das in der Hofküche zubereitet wurde, sondern auch das bei *Meissl & Schadn* angebotene: »In einem Appartement wohnte oft Gräfin Trany [Trani], die Schwester unserer Kaiserin Elisabeth. Um sie zu besuchen, kam auch ein paarmal der alte Kaiser zu uns – wir sind das einzige Wiener Hotel, in dem der Kaiser Mahlzeiten einnahm«, berichtete Gustav Fruhmann über seinen Arbeitsplatz im *Meissl & Schadn*, wo er 1914 eingetreten war. Auch die Berater Kaiser Franz Josephs speisten häufig in diesem berühmten Rindfleischlokal; manchmal konnte es recht spät werden, bis sie kamen. Dennoch wurden für sie immer etliche Portionen Tafelspitz reserviert.

Über die Eßgewohnheiten des präsumptiven Thronfolgers, Erzherzog Franz Ferdinand (1863–1914), gab sein ehemaliger Küchenchef, Robert Doré, 1931 im *Gastronom* Auskunft: »Im Schloß Belvedere, in Konopischt und Chlumetz ging es ganz bürgerlich zu. Es ist nie vorgekommen, daß es beim Mittagessen eine Vorspeise gegeben hätte. Gabelfrühstück oder Jause kannte er nicht [...] Seine Lieblingsspeisen waren

Die Mundküche Kaiser Franz Josephs (um 1890), in der gekochtes Rindfleisch zubereitet wurde.

ein guter, saftiger Tafelspitz, Selchkarree mit Sauerkraut, Beuschel mit Knödel, Schweinsbraten oder ein gespickter Hase mit Rahm.«

Der Nachfolger Kaiser Franz Josephs, Kaiser Karl (1887–1922), dürfte das gekochte Rindfleisch nicht so sehr geschätzt haben. Andererseits könnte auch die Rindfleischknappheit in der Endphase des Ersten Weltkriegs schuld daran gewesen sein, daß gekochtes Rindfleisch nicht mehr so häufig auf der kaiserlichen Tafel erschien wie früher. Kaiser Karls Sohn, Erzherzog Otto (1912–2011), ist jedoch dieser Altwiener Tradition treu geblieben. Anläßlich seines 90. Geburtstages, den er am 20. November 2002 in der Orangerie von Schloß Schönbrunn feierte, wurde ihm als Hauptgang Wiener Tafelspitz mit Crèmespinat, Erdäpfelschmarren, Schnittlauchsoße und Apfelkren serviert.

Selbst die Reisenden in der alten Habsburgermonarchie mußten nicht auf Rindfleisch verzichten. Auf den diversen Schiffahrtslinien wurde im Rahmen der Menüs immer gekochtes Rindfleisch serviert. So bot die dalmatinische Linie im Jahr 1908 ihren Passagieren zwei Mittagsmenüs an. Das Menü in der I. Klasse zu 4,50 Kronen bestand aus Suppe, Rindfleisch mit Zuspeise, Entrée, Braten, Salat, Mehlspeise, Obst und Kaffee, das Menü der II. Klasse zu 3,50 Kronen aus Suppe, Rindfleisch mit Zuspeise, Braten, Salat, Obst und Kaffee.

Sogar bei den Manövern und auch während des Ersten Weltkrieges war vorgesehen, die Offiziere, die Mannschaft, die Postbeamten und Detektive täglich mit einer Fleischspeise, meist gekochtes Rindfleisch, zu versorgen. Das Hofwirtschaftsamt erstellte dazu Listen mit genauen Angaben der Speisen, mit denen die Offiziere bei den Manövern bzw. das Operierende Oberkommando im Krieg täglich versorgt zu werden hatten. Das Tafelstück wurde mit Preßkohl, Dillsoße, Essigkren, Spinat, Kochsalat, Schwammerlsoße, Linsen, Schnittlauchsoße und sogar Makkaroni serviert. Inwieweit während des Krieges dieser Speisenplan – trotz Rindfleisch- und allgemeiner Lebensmittelknappheit – überhaupt eingehalten werden konnte, ist nicht mehr nachvollziehbar. Man kann jedoch davon ausgehen, daß Abstriche erforderlich waren.

Die Gewohnheit, gekochtes Rindfleisch als einen Gang des Dîners zu servieren, machte auch vor den Adelshaushalten nicht Halt. Speisenpläne und Menübücher aus adeligen Haushalten (z. B. jenem von Erzherzog Johann Salvator, der Fürsten Esterházy, der Fürsten Auersperg, der Grafen Herberstein) machen deutlich, daß auch hier Rindsuppe mit diversen Einlagen und gekochtes Rindfleisch mit Beilagen durchaus üblich waren.

In gehobenen Bürgerhaushalten kam Rindfleisch – wie bereits erwähnt – im Durchschnitt fünfmal pro Woche auf den Tisch. Hier sowie in den Wirtshäusern war gekochtes Rindfleisch *die* klassische Mittagsspeise. Es hatte sich im Laufe des 19. Jahrhunderts zur bürgerlichen Speise schlechthin entwickelt und bot überdies den Vorteil, daß man jeden Tag klare Suppe hatte, die man mit diversen Einlagen schier unendlich variieren konnte. Das gekochte Rindfleisch entsprach dem generellen Geschmack der Wiener (und Österreicher) jener Zeit, die sich, wie man anhand der Entwicklung der Wiener Küche genau ersehen kann, nichts aus besonders raffinierten und gekünstelten Delikatessen machten. Die Bürgerlichkeit des Wiener Klassikers ist schon daran abzulesen, daß er es nie zu exotischen oder gekünstelten Namen brachte: Es hieß eben immer »Rindfleisch garniert«. Einfache, aber dennoch gut zubereitete Speisen, bei denen es auf die Qualität der Rohstoffe ankam, waren (und sind) das Charakteristische an der Wiener Küche, die es gerade beim gekochten Rindfleisch zu besonderer Meisterschaft brachte. Ludwig Plakolb formulierte 1965 sehr treffend, wie simpel des Wieners Leibgericht doch ist: »Die Wiener Küche kulminiert im gekochten Rindfleisch, im Beinfleisch oder im Tafelspitz, je nachdem, ob man das Fleisch durchzogen oder mager wünscht. Es ist ein zutiefst österreichisches Phänomen, etwas an die Spitze seiner Tafelfreuden zu stellen, was man anderwärts leichthin als Abfall zu bewerten gewöhnt ist; denn mit beachtlichem Aufwand, mit viel Geduld und ebensoviel Zeit etwas zu machen, das nach außen kaum nach etwas ausschaut, das ist österreichisch. Aufwendige Dinge werden unter großem Aufsehen hierzulande nur als Blickfang für das Ausland gemacht. Aber das Rindfleisch ißt der Österreicher selber.«

Interessant ist, was um 1930 der ungarische Literat Gyula Krúdy zum Verzehren von gekochtem Rindfleisch meinte. Er war nämlich der Ansicht, daß man dieses Gericht ohne Tafelgenossen verspeisen sollte: »Rindfleisch ißt man (ebenso wie Fisch) am besten allein, nur zu Geflügel und Wildbraten, den kunstvollen Meisterwerken der Küchenkunst […] benötigt man eine Gesellschaft, mit der man die Qualität der Speise besprechen kann. Das Rindfleisch aber wirkt mit seinem natürlichen Geschmack, und wenn man seine Knörpelchen zu kosten beginnt, ist nicht einmal der Meerrettich [Kren] als Gesellschaft wichtig, höchstens Salz […] Mit dem Rindfleisch kann man sich nicht unterhalten, es muß für sich selbst sprechen mit seinem aus fernen Landen mitgekommenen Geschmack.«

KALTE SOSSEN

Apfelkren

a) 1 geriebener Apfel, Zitronensaft, Zucker, Salz, ein paar Löffel kalte, entfettete Rindsuppe, gerissener Kren

Den geriebenen Apfel mit Zitronensaft vermischen, damit er nicht braun wird. Suppe und Kren darunterrühren und mit Salz und Zukker abschmecken.

b) 1 geviertelter Apfel, Zitronensaft, eventuell flüssiger Süßstoff, frisch gerissener Kren

Den Apfel in mit Zitronensaft gesäuertem Wasser weichkochen. Fein pürieren, den Kren dazugeben und mit Süßstoff abschmecken.

Eierkren

2 hartgekochte Dotter, Öl, Essig oder Zitronensaft, Salz, gerissener Kren

Die Dotter fein zerdrücken, mit Öl und Essig zu einer Soße verrühren. Salzen und den Kren daruntermischen.

Essigkren

150 g gerissener Kren, 1/16 l Öl, 1/8 l Essig, Salz, Zucker, Wasser

Kren mit den Zutaten nach Geschmack anmachen.

Grüne Soße

1 feinst gehackte Schalotte, 1 Bund feingehackte Petersilie, feingehackter, frischer Oregano, 1/8 l Olivenöl, Rotweinessig, 1 Kaffeelöffel Senf, Salz

Die Kräuter mit Öl, Senf und Schalotte gut verrühren und pikant abschmecken (diese Soße wurde im ehemaligen Restaurant *Meissl & Schadn* zu »Bröselfleisch« serviert).

Kräutersoße

4 hartgekochte, passierte Dotter, 2 entgrätete, passierte Sardellen, Essig, Öl, Salz, Zucker, feingehackte Kräuter (Estragon, Kerbel, Petersilie, Pimpinelle) nach Geschmack

Dotter und Sardellen vermischen. Mit Öl zu einer Soße aufschlagen und würzen. Zum Schluß die Kräuter einrühren.

Mandelkren

2 Eßlöffel geriebene, geschälte Mandeln, gerissener Kren nach Geschmack, etwas entfettete Rindsuppe

Kren und Mandeln gut vermischen und mit Suppe befeuchten.

Orangenkren

1 Stück Würfelzucker, 1 Orange und deren Saft, Saft einer Zitrone, 1/2 in Wasser geweichte und ausgedrückte Semmel, 2 hartgekochte Dotter, Salz, Kren, Essig

Den Würfelzucker an der Orangenschale abreiben. Im Orangen- und Zitronensaft zergehen lassen. Die Semmel und die Dotter gut mit dem Saft verrühren. Den Kren dazugeben, salzen und eventuell mit Essig etwas säuern.

Preiselbeerkren

2 Eßlöffel gerissener Kren, 4 Eßlöffel kochende, enfettete Rindsuppe, Zitronensaft, Zucker, Salz, Preiselbeerkompott

Den Kren mit der Suppe verrühren und die Preiselbeeren beigeben. Pikant abschmecken und erkalten lassen.

Roter Rübenkren

200 g gekochte, gerissene rote Rüben, 1 geschälter, gerissener Apfel, etwas gemahlener Kümmel, 2 Kaffeelöffel gerissener Kren, 1/2 Tasse Weinessig, 1 Eßlöffel Zucker, Salz

Rote Rüben, Apfel und Kren verrühren. In einer Kasserolle Essig, Zukker, Kümmel und Salz erhitzen und 5 Minuten kochen lassen. Über die Rüben-Mischung gießen und zudecken. Mindestens 12 Stunden kühl stellen und mehrmals umrühren.

Sardellensoße

1/2 l Mayonnaise, 3 hartgekochte, passierte Dotter, 1 in Wasser geweichte, gut ausgedrückte Semmel, 6 entgrätete, passierte Sardellen

Die Mayonnaise mit den übrigen Zutaten pürieren. Eventuell mit Salz abschmecken.

Schnittlauchsoße

a) 2 in der Schale gekochte Erdäpfel, 2 hartgekochte Dotter, Senf, Öl, Essig, Salz, Pfeffer, Schnittlauch, kalte, entfettete Rindsuppe

Die Erdäpfel pressen und mit den feingehackten Dottern, Senf, Essig und Öl verrühren. Die Soße würzen und mit Suppe etwas verdünnen. Feingeschnittenen Schnittlauch nach Geschmack beifügen.

b) 1/4 l Rindsuppe, 3 Dotter, Essig, Zucker, Salz, feingeschnittener Schnittlauch nach Geschmack

Rindsuppe, Dotter, etwas Essig, Salz und Zucker über Dunst dick schlagen. Auskühlen lassen und den Schnittlauch einrühren.

c) 3 hartgekochte Eier, 1 gewässerter Hering, Öl, 2 Eßlöffel feingeschnittener Schnittlauch, etwas Essig

Das Eiweiß fein hacken und mit dem sehr fein geschnittenen Hering vermengen. Die Eidotter zerdrücken und mit Öl zu einer Soße rühren. Mit der Heringsmasse vermengen und mit etwas Essig verdünnen. Zum Schluß den Schnittlauch daruntermischen.

d) 6 pochierte Dotter, 1 roher Dotter, 2 in Wasser geweichte, gut ausgedrückte Semmeln, 2 Eßlöffel Öl, etwas Essig, Salz, Pfeffer, Zucker, Schnittlauch nach Geschmack

Die Semmeln mit den Dottern pürieren, würzen. Mit Öl zu einer molligen Soße verrühren. Mit Essig und etwas Zucker abschmecken. Den Schnittlauch erst knapp vor dem Servieren darunterrühren.

e) 1/4 l Mayonnaise, 4 hartgekochte Dotter, 1 hartgekochtes Ei, 1 in Essigwasser geweichte, gut ausgedrückte Semmel, Schnittlauch, eventuell Salz, Essig

Die Mayonnaise mit den Dottern, dem Ei und der Semmel pürieren. Mit Schnittlauch nach Geschmack vermengen und abschmecken.

f) 1/8 l kalte Rindsuppe, 5 hartgekochte, passierte Dotter, 1 Messerspitze Reismehl, Zitronensaft, 1/16 l Öl, Schnittlauch, Salz

Suppe, Dotter, Mehl und Zitronensaft über Dunst dicklich schlagen. Bis zum Erkalten weiterrühren. Dann tropfenweise Öl dazumischen und mit Essig und Salz abschmecken. Mit Schnittlauch verrühren.

g) 4 hartgekochte, feingehackte Eier (oder nur Dotter, dann 6 Stück), 1 abgeriebene, in Milch geweichte und gut ausgedrückte Semmel, 1/8 l Öl, Senf, weißer Pfeffer, Salz, Rotweinessig, Worcestersauce, Schnittlauch

Die Eier (oder Dotter) mit der Semmel vermischen und mit dem Öl aufschlagen. Würzen und zum Schluß den Schnittlauch hineingeben.

Semmelkren

a) 1 geriebene Semmel, Öl, Essig, gerissener Kren

Die geriebene Semmel mit Öl und einem Spritzer Essig zu einer Soße verrühren. Den Kren daruntermischen. Salzen nach Geschmack.

b) 5 Semmeln, 1/4 l Rindsuppe, Essig, 60 g gerissener Kren

Die Semmeln in dünne Scheiben schneiden und mit heißer Rindsuppe übergießen. Die Masse durch ein Sieb streichen. Erkalten lassen und mit Essig und Kren verrühren.

Senfsoße

2 feingehackte Schalotten, 2 entgrätete Sardellen, 3 harte Eidotter, gehackte Petersilie, 1 Eßlöffel englischer Senf, Saft einer Zitrone, Pfeffer, Salz, Zucker, 3 Eßlöffel Öl, etwas Estragonessig

Man vermischt alle Zutaten und schlägt das Ganze mit Öl mayonnaiseartig auf. Mit etwas Essig säuern und gut kühlen.

WIENER »RINDFLEISCHTEMPEL«

Baanfleischhütt'n und Schwemm'

»Das Rindfleisch ist das gantze Jahr durch eine gemeine Speise, und wird auf vornehme und geringe Tafeln getragen. Insgemein wird davor gehalten, daß man alles andern Fleisches sich überdrüßig essen könne, nur allein dieses nicht. Es ist von gutem Geschmack, wenn es jung, fett und mürbe ist, giebt eine gute Nahrung, und ist nicht schwer zu verdauen. [...] Das Rindfleisch kan so wohl allein aus dem Saltze, als mit allerley Gemüse und Küchen-Gewächsen, in allerley Brühen, mit mancherley Zubereitung [...] auf unzählige Weise verändert, auch warm und kalt genossen werden.« Diese Ansicht eines Kochbuchautors aus dem 18. Jahrhundert dürfte ganz der Einstellung der Wiener Konsumenten, Köche und Gastwirte entsprochen haben. Aus oben genannten Gründen wurde gekochtes Rindfleisch zur Wiener Speise schlechthin, zum Wunsch breitester Bevölkerungsschichten, dem auch die Wiener Gastronomie entsprechend Rechnung trug. Im 19. Jahrhundert wurde selbst die Gestaltung der Speisekarten durch die Rindfleischliebe der Wiener beeinflußt. Gekochtes Rindfleisch fand sich generell nicht unter »Fleischgerichte« oder »Fertige Speisen«, sondern eben unter »Rindfleisch«. Darunter waren vorgedruckt die Beilagen wie rote Rüben, Schnittlauchsoße, Sardellensoße, Gemüse, eingebrannte Erdäpfel etc. angeführt. Der Wirt brauchte dem Gast bloß durch Beifügen des Preises kenntlich zu machen, was zur Verfügung stand – und die Karten wurden *täglich* gewechselt!

Schon im frühen Mittelalter wurde Wien mit Ochsen aus Ungarn versorgt, in etwas kleinerer Zahl kamen sie auch aus Galizien, der Bukowina, dem Marchfeld und der Steiermark. Der Umschlag- und Schlachtplatz für die Rinder war der heute noch als »Fleischmarkt« bezeichnete Straßenzug im 1. Wiener Gemeindebezirk, wobei sich der Ochsenmarkt oder »Ochsengries« in der Gegend des heutigen Franz-Joseph-Kais befand. Jeden Freitag wurde hier Markt gehalten, neben den Schlachtbänken befanden sich die Fleischbänke, an denen das Fleisch verkauft wurde. Bereits im Jahr 1228 war der Fleischmarkt zu klein geworden und übersiedelte zum Lichtensteig. Eine weitere Station war das Invalidenhaus zwischen Landstraßer Hauptstraße und Ungargasse (3. Wiener

Gemeindebezirk). Von St. Marx her trieb man die Ochsen unter Militärbegleitung zur Landstraße – alle Haustore, Geschäfte und Krämerstände mußten geschlossen sein, wenn das Rindvieh kam. Im Jahr 1797 lagerte man den Schlacht- und Fleischumschlagplatz nach St. Marx aus, wo er bis zum Ende des 20. Jahrhunderts blieb. Bezeichnenderweise wurde dessen Haupteingang mit einem österreichischen und einem ungarischen Ochsen geziert. Heute ist in St. Marx kein Schlachthof mehr, auch der auf EU-Niveau gebrachte Großhandel ist bereits sehr reduziert und nach Inzersdorf abgesiedelt. Im übrigen Österreich wird die Fleischversorgung durch EU- bzw. Kleinschlachthöfe gewährleistet.

Viele Wirtshäuser im alten Wien boten gekochtes Rindfleisch als Selbstverständlichkeit an – in der Stadt, in den Vorstädten und Vororten gab es nicht wenige solche Lokale. 1766 zählte man beispielsweise allein im Prater 66 Wein- und 46 Bierwirte, die natürlich nicht nur Getränke, sondern auch Speisen anboten. Besonders bekannt wurde der *Matschakerhof* (1. Bezirk), das ehemalige Stadthaus der Ritter von Matschaker, die schon im 16. Jahrhundert ausgestorben waren. Ihr Name blieb aber mit dem Gebäude bis heute verhaftet. Im 16. Jahrhundert war das Haus an die Familie der Jörger übergegangen, bereits um diese Zeit befand sich darin ein Wirtshaus, das an »Bestandwirte« verpachtet wurde, 1697 wurde der Gasthof an den bürgerlichen Gastgeber Georg Grimb verkauft. Im Jahr 1701 hieß es in einer Wien-Chronik: »Der Matschacker-Hoff, ein Gast und Wirts Hauß, allwo die Edenburger [Ödenburger] Gutscher [Kutscher] einkehren, Herrn Georg Grimb gehörig.« Um 1745 gehörte der Matschakerhof bereits zu den angesehensten Gasthöfen Wiens. Man erhielt dort täglich ein Menü zu 24 Kreuzer, das an Fleischtagen aus folgenden Speisen bestand: »Eine Suppe, welche täglich verändert wird / Rindfleisch, dazu eine Soße, Kren oder Umurken / eine grüne Speise, darauf Würste, Schwein- oder anderes Fleisch […] / ein extra Eingemachtes / eine Wechselspeise (je nach Saison) / täglich nach der Jahreszeit ein anderen Braten / Salate.« 1827 kostete hier eine Rindsuppe schon 6 bis 8 Kreuzer, gekochtes Rindfleisch mit Beilage 22 bis 26 Kreuzer. Franz Grillparzer war Stammgast im Matschakerhof, der zu jener Zeit bereits über verschiedene Speiseräume verfügte, um den Standesunterschieden unter den Gästen Rechnung zu tragen: »Distinguirte Standespersonen, Priester, die Herren Officire und andere Beamte können statt in der ordinären Gaststube in extra möblirten Zimmern oder allenfalls auch in der Wirtswohnung gastirt werden.« 1844 wurde der Matschaker-Hof umgebaut und wartete mit einer Sensation auf: Im Innenhof wurde auf einer Art Brücke der Speisesaal im ersten Stock gebaut.

Zu einem der beliebtesten Ausflugsziele der Wiener zählte der Prater, ein Jagdrevier der Familie Habsburg, das im 18. Jahrhundert teilweise der Bevölkerung zugänglich gemacht wurde. Selbst hier – zu jener Zeit »auf dem Land« – mußten die Wiener nicht auf ihr Rindfleisch verzichten. Aus dem Jahr 1780 hat sich die Schilderung eines Gastmahls im Prater erhalten: »Schon wurde die Suppe mit den Kapaunern gebracht. Sie schmausten beim *Wilden Mann* im Prater in der Tat wie die olympischen Götter. In jener Zeit [...] wurde die Schlankheit nicht geschätzt. [...] Und nach der Suppe erschien denn eine enorme Pökelzunge, mit großen Stücken gekochten Rindfleisches garniert. Sardellensoße und Mandelkren standen zum Eintunken in schönen Porzellanterrinen bereit. Zwei Kellner bedienten.«

Ein ebenfalls bekanntes Altwiener Wirtshaus war der *Gasthof zum braunen Hirschen*, der sich in der Barmherzigengasse im 3. Bezirk befand. Um 1820 war täglich – außer an Fasttagen – gekochtes Rindfleisch auf der Speisekarte. Dazu wurden im Schnitt sieben (!) Beilagen serviert, darunter auch Mandelkren. Besondere Rindfleischrestaurants in Wien waren vor allem die Restaurants des Hotels *Kranz-Ambassador*, des Hotels *Erzherzog Carl* (vis-à-vis des Kranz-Ambassador) in der Kärntner Straße und das Restaurant *Roter Igel*, das sich an der Ecke Johannesgasse/Ringstraße befand.

Eine spezielle Rindfleischküche hatte sich zur Zeit der Habsburgermonarchie auch im Hotel *Sacher* unter der energischen Anna Sacher etabliert. Der Küchenstil war dort allerdings vornehmer und eleganter als in der durchschnittlichen Wiener Gastronomie. Oberst Emil Seeliger war Stammgast im Sacher und erlebte noch die Abenteuer von Erzherzögen und Adeligen mit. Über die Küche des Hauses meinte er: »Beim Sacher gibt es und gab es exquisiteste französische Küche wienerisch timbriert: die Nationalspeise des Phäakenvolkes an der grauen *blauen Donau*, das *Beinfleisch*, das *Ripplerte*, das *Bröselfleisch*, das *Unterspickte*.«

Zum absoluten Rindfleischtempel in Wien wurde aber schließlich das 1896 eröffnete *Meissl & Schadn* am Neuen Markt, das ebenfalls unterschiedliche Speisesäle für das Publikum hatte: Im Erdgeschoß (»Schwemme«) konnten »gewöhnliche« Leute relativ billig ihren Hunger stillen, im ersten Stock wurden im »Luxusrestaurant« die »oberen« Schichten bedient. Der charakteristische Bau wurde durch den Architekten Karl Hofmeister gestaltet, die zur Kärntner Straße zeigende Fas-

Das Meissl & Schadn um 1910

sade wurde von Eduard Veith mit fünf Mosaiken dekoriert, die die Erdteile zeigten. Das ursprüngliche Haus war aber viel älter. Bereits im 17. Jahrhundert bestand es unter dem Schild *Zum blauen Hirsch.* Von 1852 bis 1875 war es im Besitz der Gastwirtegenossenschaft. Im *Meissl & Schadn* hatte sich das Wiener Rindfleischritual in höchster Form herausgebildet, das Richard Hutter um 1900 so treffend beschrieb: »Wenn der Wiener in sein Stammbeisel kommt, so braucht er erst gar nicht beim Kellner zu bestellen. Sofort nach der Suppe bringt der dienstbare Gasthausgeist dem Gaste eine Portion Rindfleisch. [...] Wer für mageres Fleisch sich erwärmt, erhält Vorderes, und wer das fette, kernige liebt, Hinteres. Weh dem Kellner, der einem Anhänger von Hüferschwanzel, aus der Familie der Hinteren Fleische, ein Vorderes weißes Scherzel brächte! Dann aber gibt es auch Rindfleischianer, auf deren Banner geschrieben steht: Nur Rindfleisch und jedes Rindfleisch! – und das sind die echtesten der rechten Wiener ...«. Damit ist bereits angedeutet, was einen Nichtkenner im *Meissl & Schadn* erwartete, wenn er einfach nur »Rindfleisch« bestellte. Von den Kellnern wurde man mit Verachtung bestraft, wenn man bloß »gekochtes Rindfleisch« verlangte. Joseph Wechsberg, der in seiner Rindfleischnostalgie im fernen Amerika manchmal etwas zu weit ging, berichtete über seine Erfahrungen in diesem Restaurant: »Bei einem derartigen Faux pas wurde man von den Obern und von den Gästen, die in Hörweite saßen, mit merkbarer Geringschätzung angeschaut, denn immerhin standen 24 verschiedene Sorten gekochtes Rindfleisch zur Auswahl. Um zu gelten, mußte man eine präzise Bestellung aufgeben. Jeder berühmte Besucher Meissl & Schadns – von Gustav Mahler bis Richard Strauss – bevorzugte ein bestimmtes Fleischstück, und jedem Ober waren diese speziellen Wünsche bekannt. Das Fleisch war immer von vorzüglicher Qualität. Es konnte so zart, so saftig und so gut im Geschmack sein, weil die jungen Ochsen zu diesem Zweck mit Zuckerrüben gefüttert wurden.« Die letzte Aussage Wechsbergs entstammt ebenfalls nostalgischem Wunschdenken; die Ochsen wurden nicht mit Zuckerrüben gefüttert, sondern mit den Abfällen, die in den Zuckerfabriken anfielen. Im Jahr 1912 bot der in St. Marx ansässige Fleischhauer Valentin Jedek in der *Allgemeinen Gastgewerbe Zeitung* unter anderen Tieren auch »Zuckerfabriksochsen« an.

Da die Gäste ihre Stammplätze hatten und immer vom selben Kellner bedient wurden, hatte es neues Personal im *Meissl & Schadn* recht schwer: »Die Frage, ob dem Herrn vielleicht ein Tafelspitz recht wäre und etwas Schnittlauchsoße dazu, ist ein schweres Verbrechen; denn

Johann Schadn

jedermann im Hause weiß, daß dieser Gast seit Jahrzehnten sein Rindfleisch immer nur mit roten Rüben ißt.« Friedrich Torberg bezeichnete einst das *Meissl & Schadn* als Mekka der Rindfleischesser, und der Schauspieler Rudolf Forster berichtete über den Wiener Rindfleischtempel: »Nach den Proben saß man mittags mit Alfred Polgar bei Meissl und Schadn, delektierte sich an einem Tafelspitz. Wie jeder Kenner Altwiens weiß, gerade dort ein unerreichtes Gericht.« Auch Alma Mahler verewigte das berühmte Lokal am 22. März 1905 in ihrem Tagebuch: »Hans Pfitzner und ich blieben zu Hause und spielten zuerst seine Lieder, dann meine. Wir sollten Mahler und Hauptmann im Meissl & Schadn treffen.«

Im *Meissl & Schadn* verübte 1916 Dr. Friedrich Adler das Attentat auf den Ministerpräsidenten Graf Stürgkh. Der Graf, ein großer Rindfleischliebhaber, saß auf seinem Stammplatz mit Blick zur Kärntner Straße. Oberkellner Gustav Fruhmann berichtete in seinen Lebenserinnerungen: »Einmal kam ein fremder Gast. Er kam zwar früher als die anderen, aber ich hatte alle Tische reserviert und konnte ihm nur einen kleinen Tisch gegenüber der Eingangstür anbieten. Der fremde Herr bestellte eine Suppe, ein Rindfleisch und ein Pflaumengateau. [...] Kurz nach ein Uhr kam Graf Stürgkh in Gesellschaft des Grafen Toggenburg [...] Sie speisten [...] Der Speisesaal wird langsam leer. Ich stehe bei der Kredenz, da krachten plötzlich mehrere Schüsse, ich wende mich um und sehe, wie der Herr, der so früh gekommen ist, einen halben Meter vor dem Ministerpräsidenten und ihn aus einer Entfernung von zwanzig Zentimeter ins Gesicht schießt. Dann wendet der fremde Mann sich um und kommt auf mich zu [...] Ich springe auf den Mörder zu, ergreife seine Hand mit dem Revolver [...]«.

Auch nach dem Zusammenbruch der Habsburgermonarchie wurde im *Meissl & Schadn* das Rindfleisch weiter gepflegt. Nach wie vor zog es Leute aller Schichten an. Gäste im ersten Stock waren u. a. Jan Kiepura und Martha Eggert, die hier die Première von *Giuditta* feierten. Es kamen auch weiterhin Adelige, v. a. die Gutsbesitzer rund um Wien, Exkönig Ferdinand von Bulgarien (der hier auch wohnte) und Fürstin Elisabeth Windischgraetz, die Enkelin Kaiser Franz Josephs. Ebenfalls zu den Gästen zählten Max Herzog von Hohenberg, der Sohn Erzherzog Franz Ferdinands, Gerhard Hauptmann, Emil Jannings, Rudolf Furtwängler, Pablo Casals und viele andere. Die Küchenbrigade umfaßte laut Auskunft von Hermann Richetzky, einem ehemaligen Koch, 18 Mann. Täglich wurden in zwei Kupferkesseln je 70 bis 80 kg Rindfleisch gekocht. Dazu Oberkellner Fruhmann: »Das Rindfleisch ist die Spezialität des

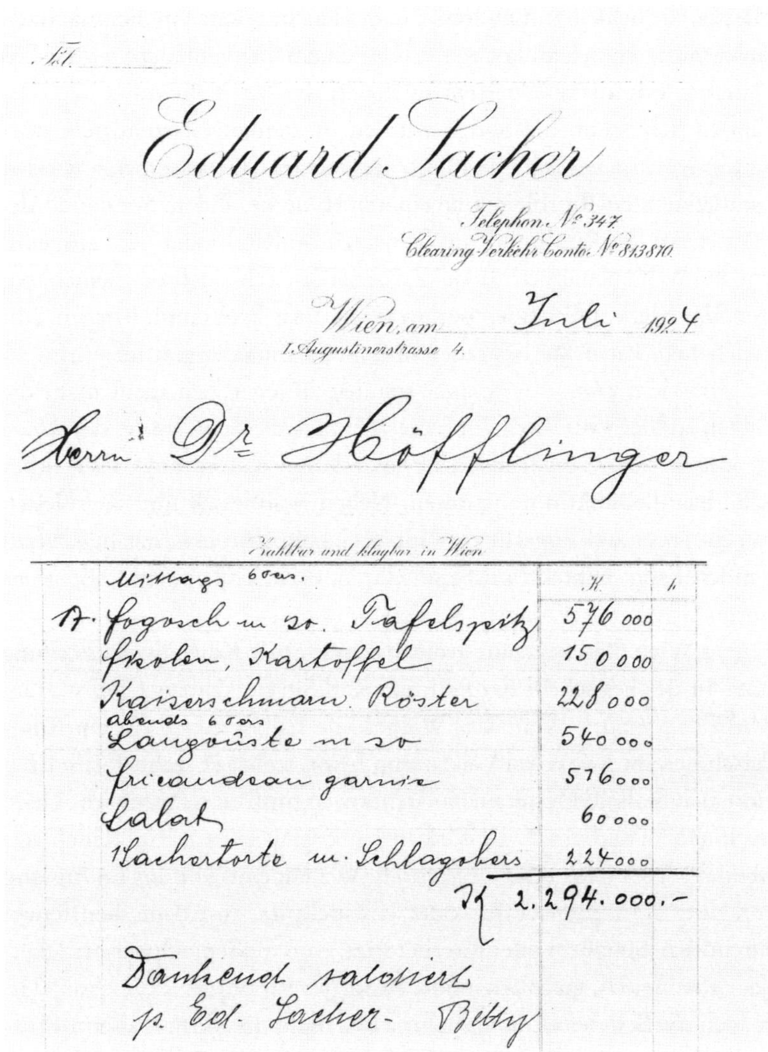
N. F.

Eduard Sacher

Telephon. No 347.
Clearing Verkehr Conto. No 813870.

Wien, am 2 Juli 1924
I. Augustinerstrasse 4.

Herrn Dr. Höfflinger

Zahlbar und klagbar in Wien

Mittags 6 Pers.	K.	h
1/ Fogosch m. so. Tafelspitz	576 000	
Fisolen, Kartoffel	150 000	
Kaiserschmarrn. Röster	228 000	
abends 6 Pers. Langouste m. so.	540 000	
Fricandeau garnie	576 000	
Salat	60 000	
1 Sachertorte m. Schlagobers	224 000	
K	2.294.000.–	

Dankend saldiert
p. Ed. Sacher – Betty

Rechnung aus dem Restaurant Sacher 1924

Hauses, die beiden großen Kessel in der Küche reichen manchmal nicht aus, um das Fleisch zu kochen, das an einem Tag gebraucht wird.« Das Fleisch wurde auf versilbertem Tafelgerät serviert, meist auf ovalen oder runden Schüsseln, die Soßen wurden in kleinen Glasschüsseln oder Saucièren extra gereicht. 32 bis 40 verschiedene Gemüsesorten wurden zum gekochten Rindfleisch angeboten. Eine besondere Spezialität des Hauses war das Rindsmark auf Schwarzbrot: Rindsmark wird ausgelöst und bei 80 °C blanchiert. In der Zwischenzeit Schwarzbrotscheiben toasten, das Mark in Scheiben schneiden und das Brot damit belegen. Mit geriebenem Parmesan bestreuen und im Salamander gratinieren.

Vor dem *Hotel Ambassador* standen zu jener Zeit nicht mehr die Fiaker, sondern die Taxifahrer, die ebenfalls die Schwemme des *Meissl & Schadn* zum Gabelfrühstücksplatz erkoren hatten und diesen liebevoll »Baanfleischhütt'n« nannten. Neben Beinfleisch und Krenfleisch war die sogenannte »gestutzte Rippe« Gabelfrühstücksspezialität. Dazu wurden Essig-, Apfel- und Semmelkren, eine Senfsoße und höchstens noch »Geröstete« (Erdäpfel) serviert.

In Wien fand 1933 eine große internationale Kochkunstausstellung statt. In der Festschrift dazu schrieb Karl Sinner, damals Chefkoch im *Meissl & Schadn*: »Wenn der Wiener sein halbes Leben für ein Rindfleisch hergibt, wie es im Volksmund heißt, so hat er recht. Denn ist er einmal außerhalb Oesterreichs Grenzen, so muß er es vermissen. Denn wo in einem anderen Land wird soviel Sorgfalt auf ein Rindfleisch verwendet wie in Wien oder Oesterreich. Wer hat eine Ahnung im Ausland von dem berühmten Tafel- oder Kruspelspitz, von dem Beinfleisch, Rosenbein, Spitzbein oder Kavalierspitz, vom weißen, schwarzen Scherzel, Bröselfleisch, gespaltener oder gestutzter Rippe usw. Bezeichnend ist ja auch die Beliebtheit in vornehmen Kreisen, daß doch Kaiserin Elisabeth schon einem griechischen Professor, der nach Wien reiste, anempfohlen hat, Tafelspitz in einem erstklassigen Hotel nicht zu vergessen, wo Kaiser Franz Joseph als einzigesmal während seiner Regierungszeit in einem Wiener Hotel gespeist hat und wo täglich hohe Würdenträger und Politiker von Rang ihren Stammtisch hielten.« Im Jahr 1938 wurde das *Meissl & Schadn* arisiert; ab dem Kriegsbeginn (1939) ging der Rindfleischverbrauch immer stärker zurück. Beim Bombenangriff der Alliierten auf Wien, dem die Oper zum Opfer fiel, und der eine Schneise in die Wiener Innenstadt riß, wurde auch das traditionelle Wiener Rindfleischrestaurant zerstört, das, obwohl es so berühmt war, nur 42 Jahre bestanden hatte.

Hotel König von Ungarn, in dem bereits Franz Schuberts Bruder Ferdinand gekochtes Rindfleisch verzehrte.

Gekochtes Rindfleisch blieb in manchen Familien in der Nachkriegszeit, soweit es die finanziellen Möglichkeiten erlaubten, als traditionelle Speise erhalten. Allerdings hatte sie ihre Vielfalt – sowohl der Fleischteile als auch der Beilagen – eingebüßt. Zahlreiche Wirtshäuser in Wien boten wieder gekochtes Rindfleisch an. Nicht alle können hier ausführlich erwähnt werden. Zu den wichtigsten Gasthäusern unmittelbar nach dem Zweiten Weltkrieg gehörten die *Schwemme des Grand Hotels*, die sich in der Mahlerstraße befand, sowie der *Rathauskeller*.

Aber auch die gehobene Gastronomie, soweit sie sich nach dem Krieg wieder etablieren konnte, nahm die Tradition des gekochten Rindfleisches auf. Egon Fodermayer, der spätere Besitzer des Restaurants *Drei Husaren,* berichtete in seinen Lebenserinnerungen über das Restaurant am Franziskanerplatz: »Dort, wo sich die Weihburggasse zum Franziskanerplatz weitet, hatte zur rechten Hand der Pforte des Franziskanerkonvents Lukullus seine Residenz aufgeschlagen. Seit den Tagen des späten Rokokos verstand man sich hier auf das gute Kochen. Das Wissen um die Geheimnisse der mit recht so gepriesenen Wiener Rindfleischküche wurde von diesem Ort aus weiterverbreitet. Hier war der Ursprung der merkwürdigsten Bezeichnungen der Rindfleischgerichte der ehemaligen Zeit, die sich zum Teil bis heute erhalten haben.« Doch dieses Traditionslokal gibt es schon lange nicht mehr.

Das Restaurant war eine Gründung von Paul Pálffy von Erdöd nach dem Ersten Weltkrieg. Er ließ die Räumlichkeiten in der Weihburggasse umgestalten und stattete sie mit edlem Tafelgerät, Möbeln und Bildern aus, um dem Ganzen eine herrschaftliche Atmosphäre zu geben. Nach anfänglichen Schwierigkeiten gelang es Pálffy, die ehemalige Restaurantbrigade des *Sacher* zu engagieren. Der Betrieb florierte bis zum »Anschluß« an das Deutsche Reich. Graf Pálffy erkannte die Zeichen der Zeit und verkaufte seine *Drei Husaren* zu einem Spottpreis an den Berliner Restaurateur Otto Horcher. Dem Grafen war klar, welchen Weg die *Husaren* nun gehen würden: »So wurden meine gewesenen 3 Husaren zum Fraß- und Völlereilokal der nationalsozialistischen Bonzen, in welchem von da an ein mir unbekannter, neuer Kulturwind wehte. Nach den Mahlzeiten wurde eine Riesenflasche Eau de Cologne auf den Tisch gestellt, um zu zeigen, wie wirklich *vornehm* das Lokal geworden sei.« 1943 wurde der Betrieb stillgelegt. Im Jahr 1950 übernahm Egon Fodermayer, der seine Kochlehre bei Julius Eckel absolviert hatte, die *Drei Husaren,* 1951 erfolgte die Wiedereröffnung. Mitte der achtziger Jahre des 20. Jahrhunderts folgten ihm Uwe V. Kohl und Ewald Plachutta nach. Ewald Plachutta ging dann im bereits erwähnten

Hietzinger Bräu seinen eigenen Weg, später kamen noch Rindfleischlokale in der Wollzeile (1. Wiener Gemeindebezirk) und in Hietzing (19. Wiener Gemeindebezirk) dazu.

Ebenfalls zu einem Rindfleischlokal entwickelte sich das Restaurant des Hotels *Zum König von Ungarn*, das in früheren Zeiten ein Einkehrgasthof war. Später wurde das aus dem 16. Jahrhundert stammende Gebäude im Inneren immer wieder umgestaltet und zu einem Hotel erweitert. In dieser Funktion wurde das Haus 150 Jahre lang von der berühmten Wiener Gastronomenfamilie Hess geführt. Illustre Gäste, die hier abstiegen, schätzten das im Restaurant sehr gepflegt gekochte Rindfleisch. In den zwanziger Jahren des 20. Jahrhunderts verewigte sich Maria Jeritza, die international gefeierte Opernsängerin, im Gästebuch mit der Bemerkung, der *König von Ungarn* sei ihr zur zweiten Heimat geworden.

Clarice Hess, eine der letzten Vertreterinnen der Familie, verkaufte das Haus nach dem Ende der Besatzungszeit. Bis Ende der siebziger Jahre des 20. Jahrhundert fristete das Restaurant ein trauriges Dasein. 1979 wurde es von Pedro Masana übernommen und liebevoll restauriert. Mit seiner Küchenmannschaft aus dem Haashaus führte er es über zwanzig Jahre sehr erfolgreich. Schon kurz nach der Eröffnung berichtete der Kurier: »Das Rindfleisch [...] vom Wagen war schon berühmt, als es die jetzige Koch- und Service-Brigade des *Königs von Ungarn* noch im Haashaus servierte, und hat durch die Übersiedlung sichtlich nicht verloren. Der *König von Ungarn* ist somit eines der wenigen, wenn nicht überhaupt das einzige Restaurant in Wien, wo es eine derart umfassende Rindfleischauswahl gibt, daß jeder Altösterreicher seine Freude daran hätte.«

Die Geschichte eines weiteren Klassikers unter den Wiener Rindfleischlokalen begann im Jahr 1899, als Johann Renner (der Onkel des späteren Bundespräsidenten Karl Renner) ein Wirtshaus in der Gunoldstraße 14 (19. Wiener Gemeindebezirk) erwarb. Johann Renner stammte aus Unter Tannowitz (Mähren) und war gelernter Fleischhauer. Als Hotelportier und Fremdenführer im *Venedig in Wien* machte er Karriere. In seinem Wirtshaus, dem er eine Fleischerei anschloß, pflegte Renner die traditionelle Wiener Küche und das gekochte Rindfleisch. Nach dem Zweiten Weltkrieg führte ein Sohn Renners den Betrieb weiter. Trotz strenger Reglementierungen konnte sich Renner immer wieder frisches Rindfleisch besorgen. Aus dem Fleisch wurde das sogenannte »Schöpfergericht« gekocht: Rindfleisch, Suppe, Bohnen und Erdäpfel – alles, was auf einem großem Suppenschöpfer Platz hatte – konnten die

Gäste genießen. Renners Gäste hatten ein Privileg: Sie zählten vermutlich zu den ganz wenigen Wienern in den ersten Nachkriegsjahren, die in der Zeit der Lebensmittelmarken frisches Fleisch erhielten.

Auch Johann Renners Sohn Werner entschied sich für die Gastronomie. 1970 wurde das Stammhaus an die Gemeinde Wien verkauft. Die Familie Renner übersiedelte auf den Nußdorfer Platz (19. Wiener Gemeindebezirk). Um 1980 machte Albert Buschek, ein Berufskollege Werner Renners und früherer Besitzer des *Hietzinger Bräu*, den jungen Gastronomen auf die alte Tradition des gekochten Rindfleisches aufmerksam, und er beschloß daraufhin, sich dem anzuschließen. Die Spezialität des Hauses, deren Portionsgröße noch an die Zeit der Wiener Fiaker und Fuhrwerksunternehmer erinnert, ist die Tellerfleischsuppe. Das gekochte Rindfleisch wird mit Gemüse und Gerösteten oder Schnittlauchsoße, Apfelkren und Gerösteten angeboten. Serviert wird es in der Kupferkasserolle mit Suppe, Suppengemüse, Markscheibe und viel Schnittlauch. Werner Renner bietet seinen Gästen Tafelspitz, Schulterscherzel, Kruspelspitz, weißes Scherzel, Kügerl, Beinfleisch, Hüferschwanzel, Rieddeckel und Ochsenzunge. Für den Weiterbestand der Rindfleischtradition ist gesorgt: Tochter und Schwiegersohn haben den Nußdorfer Betrieb übernommen und führen in Putzing (Niederösterreich) den *Hoadkeller* mit demselben (Rindfleisch-)Speisenangebot wie am Nußdorfer Platz.

Mario Plachutta, der Sohn des Rindfleischlokal-Gründers in Hietzing, Ewald Plachutta, trat in die Fußstapfen seines Vaters. Er eröffnete auf der Wiener Wollzeile und in Nußdorf ebenfalls Lokale, die das gekochte Wiener Rindfleisch mit den traditionellen Beilagen anbieten. Ansonsten servieren Wiener Wirtshäuser heute im besten Fall Tafelspitz, manchmal auch Beinfleisch; Rindsuppe, Wiener Suppentopf und Rindfleischsalat findet man auch noch auf den Speisekarten, die Suppen sind leider häufig nicht mehr »echt« und mit wenig Phantasie bei den Einlagen, von denen die Wiener Küche über so viele verfügt, versehen. Nur ganz wenige Gasthäuser, die der alten Wiener Küche verpflichtet sind, bieten auch andere Stücke vom gekochten Rindfleisch an – so der *Alte Heller* in der Ungargasse, der täglich Unterschiedliches auf der Speisekarte hat – Beinfleisch, Schulterscherzel, Hüferschwanzel, Tafelspitz etc.

GEMÜSE

Nicht nur Soßen waren und sind typische Beilagen zu gekochtem Rindfleisch, sondern auch zahlreiche Gemüsesorten. Meist wurde das Gemüse nach »Wiener Art« eingemacht zubereitet. Für Puristen war (und ist) diese Zubereitungsweise ein Greuel – sie zogen »englisch« gekochtes Gemüse vor. Die Gemüsebeilagen sind ein Spezifikum der Wiener Küche und fanden, im Gegensatz zu vielen anderen Wiener Spezialitäten, keine internationale Anerkennung.

Bohnenpüreesalat

1/2 l über Nacht eingeweichte weiße Bohnen, 1/2 Lorbeerblatt, Salz, 2 Stück Würfelzucker, Öl, Essig, 1 feingeriebene Schalotte, Pfeffer

Die Bohnen in Salzwasser mit Zucker weichkochen. Nach dem Erkalten durch ein Haarsieb streichen. Mit Zwiebel, Essig, Öl und Kochwasser zu einem dicken Brei verrühren und abschmecken.

Crèmespinat

500 g gewaschener Spinat, Salz, Pfeffer, 40 g Butter, 40 g Mehl, 1–2 zerdrückte Knoblauchzehen, Kochwasser oder Knochensuppe, 1/8 l Obers

Den Spinat in Salzwasser kochen und passieren. Mehl in Butter anschwitzen, aufgießen und gut verkochen lassen. Den Spinat und das Obers dazugeben, würzen und aufkochen.

Dillfisolen

500 g feingeschnittene Fisolen, Salz, Pfeffer, 70 g Butter, 4 g Mehl, etwas Essig, 1 bis 2 Eßlöffel feingehackte Dille, eventuell Paprikapulver

Die Fisolen in Salzwasser bißfest kochen. Aus Butter und Mehl eine Einmach bereiten, zu den Fisolen geben und abschmecken. Mit Essig säuern und die Dille dazugeben. Aus Ungarn kommt die Variante, das Gemüse mit Paprika zu würzen. Man kann die Fisolen auch mit einem Schöpfer Rindsuppe verfeinern.

Dillkürbis

2 kg geschälter, feingehobelter Kürbis, Salz, 8 g Schmalz, 1 feingehackte Schalotte, gehackte Petersilie, 1 zerdrückte Knoblauchzehe, 1 Kaffeelöffel gehackte Dille, 30 g Mehl, 1/4 l Rindsuppe, 1/8 l Rahm, Essig, Salz, Pfeffer

Den Kürbis salzen, eine halbe Stunde stehen lassen und gut ausdrükken. Schalotte in Fett rösten, Petersilie, Knoblauch und Dille dazugeben. Das Kürbiskraut daruntermischen und 10 Minuten unter Rühren dünsten lassen. Mit Mehl stauben, mit Suppe und Rahm aufgießen. Kurz verkochen lassen und mit Essig säuern.

Eingebrannte Fisolen

500 g feingeschnittene Fisolen, 30 g Butter, 30 g Mehl, 1 Kaffeelöffel feingehackte Zwiebel, gehackte Petersilie, etwas feingehackte Dille, 1 zerdrückte Knoblauchzehe, 1/4 l Suppe, 4 Eßlöffel Rahm, Salz, Pfeffer, Essig

Die Fisolen in wenig Salzwasser weichkochen. Mehl in Butter rösten, Zwiebel, Petersilie, Dille und Knoblauch dazugeben. Aufgießen, mit Rahm verrühren und verkochen lassen. Die abgeseihten Fisolen dazugeben und abschmecken.

Eingemachte Erbsen

1/2 kg gekochte Erbsen, 60 g Butter, 1 Kaffeelöffel Mehl, Salz, Zucker, gehackte Petersilie, Suppe und Milch nach Belieben

Erbsen in Butter schwenken und stauben. Mit Suppe und Milch aufgießen und würzen. Kurz verkochen lassen. – Auf diese Art kann man zahlreiche Gemüse wie Karotten, Wruken (Kohlrüben), Spargel etc. einmachen. Man kann aber auch Mischgemüse zubereiten (Karotten, Kohlrabi, Karfiol, Erbsen, Fisolen, Kohlsprossen).

Eingemachter Karfiol

1 Karfiol, 70 g Butter, 40 g Mehl, Salz, Pfeffer, Zucker

Die Blätter vom Karfiol lösen und ihn im Ganzen in Salzwasser weichkochen. In eine Schüssel legen und warmstellen. Aus Butter und Mehl eine Einmach bereiten und mit dem Kochwasser aufgießen. Je länger man verkochen läßt, desto besser wird die Soße. Mit Salz, Pfeffer und Zucker abschmecken und über den Karfiol gießen.

Eingebrannter Kohl

1 Kohlkopf, 250 g geschälte Erdäpfel, 1 Eßlöffel Schmalz, Mehl nach Bedarf, Salz, Pfeffer, zerdrückter Knoblauch nach Geschmack, gemahlener Kümmel

Den geputzten Kohl mit den Erdäpfeln und dem Kümmel in Salzwasser weichkochen. Abseihen und passieren. Mit Kochwasser verdünnen. Aus Schmalz und Mehl eine dünnflüssige Einbrenn bereiten und zum Kohl geben. Mit den Gewürzen abschmecken und nochmals verkochen lassen.

Eingemachte Kohlrabi

4 geschälte, in dünne Blätter geschnittene Kohlrabi, zarte Blätter nudelig schneiden, 30 g Mehl, 30 g Butter, 1 feingehackte Zwiebel, gehackte Petersilie, 1 Kaffeelöffel Zucker, Pfeffer, Muskatnuß, Kochsud oder Knochensuppe, Zitronensaft

Die Kohlrabi und Blätter in Salzwasser weichkochen. Aus Mehl und Butter eine Einbrenn bereiten, darin Zwiebel und Petersilie anrösten. Würzen und aufgießen. Gut verkochen lassen. Kohlrabi und Blätter hineingeben, kurz ziehen lassen und mit Zitronensaft abschmecken.

Gedünstete Fisolen

500 g Fisolen, 50 g Butter, gehackte Petersilie, Rindsuppe nach Bedarf, 1/8 l Rahm, etwas Mehl, Salz, Pfeffer, einige Fäden Safran

Die Fisolen werden geputzt und ganz dünn geschnitten. Man übergießt sie in einem Weitling mit kochendem Wasser und läßt sie eine Stunde stehen. Dann werden sie in Butter gedünstet und mit Suppe aufgegossen. Man läßt die Fisolen mit dem Safran köcheln. Zum Schluß bindet man mit Mehl und Rahm, würzt und gibt die Petersilie dazu.

Gedünstetes Kraut

1 kleiner feingeschnittener Krautkopf, 3 säuerliche Äpfel, 50 g Butter, kräftige Rindsuppe, Mehl, Salz

Das Kraut und die geschälten, kleingewürfelten Äpfel werden rund eine Stunde in der Butter braun gedünstet. Dann staubt man etwas Mehl darüber und gießt mit Rindsuppe auf. Gut verkochen und mit Salz würzen.

Gedünsteter Porree

1 Stange Porree, 1/8 bis 1/4 l fette Rindsuppe, Salz, Pfeffer

Den Porree putzen und in fingerlange Stücke schneiden. In Rindsuppe weichdünsten und mit Salz und Pfeffer abschmecken.

Gedünstete Zwiebelscheiben

3 große, geschälte weiße Zwiebeln, Mehl, Fett zum Ausbacken, 1/4 l Bratensaft, 1/8 l Rindsuppe, Salz, Pfeffer, Zucker, Essig

Die Zwiebeln in dünne Scheiben schneiden, in Mehl wenden und in heißem Fett ausbacken. Abtropfen lassen und in Bratensaft und Suppe dünsten. Mit den Gewürzen pikant abschmecken.

Karotten à la crème

500 g geschälte Karotten oder gelbe Rüben, 50 g Butter, etwas Petersilgrün und Basilikum zusammengebunden, 1 Zehe Knoblauch, 1 Schalotte, 1/4 l Rindsuppe, Mehl, Essig, 3 Dotter, 1/8 l Rahm

Die Karotten in Salzwasser eine halbe Stunde kochen und in Scheiben schneiden. Mit den Kräutern, Knoblauch und Schalotte in Butter dünsten, mit Mehl stauben und mit Suppe aufgießen. Wenn alles gut verkocht ist, Kräuter, Schalotte und Knoblauch herausnehmen. Dotter mit Rahm versprudeln und die Soße damit legieren. Mit etwas Essig säuern.

Kochsalat

500 g Kochsalat (oder Häuptelsalat), Salz, 30 g Mehl, 30 g Butter, gehackte Petersilie, 1 feingehackte Schalotte, Kochsud oder Knochensuppe, Salz, Pfeffer

Den Salat vom Strunk befreien und in Salzwasser kochen, bis die Blattrippen kernig weich sind. Den Salat kalt abschrecken, gut ausdrücken und grob hacken. Mehl in Butter anschwitzen, Petersilie und Schalotte dazugeben und durchrösten. Aufgießen und 10 Minuten verkochen lassen. Kochsalat darunterrühren und abschmecken.

Kochsalat mit Erbsen

Grundrezept Kochsalat, 150 g gekochte Erbsen

Der Kochsalat wird nach Grundrezept zubereitet. Zum Schluß werden die Erbsen beigefügt. Alles nochmals aufkochen.

Kohlrabi

2 geschälte, in Spalten geschnittene Kohlrabi, 50 g Butter, Salz, etwas Rindsuppe

Die Kohlrabi in Butter andünsten, mit Suppe etwas verdünnen und weich werden lassen. Mit Salz abschmecken.

Kürbis auf ungarische Art

2 kg Kürbis vorgerichtet wie bei Dillkürbis, 100 g feingehackter Selchspeck, 1 feingeschnittene, mittelgroße Zwiebel, 1 Kaffeelöffel edelsüßer Paprika, 1 Eßlöffel Paradeismark, 1 zerdrückte Knoblauchzehe, etwas gehackte Dille, gemahlener Kümmel, 20 g Mehl, 1/4 l Rindsuppe, 3 Eßlöffel Rahm

Zwiebel in Speck rösten. Gewürze und Kürbiskraut dazugeben und 10 Minuten dünsten lassen. Mit Mehl stauben und mit Suppe und Rahm aufgießen. Kurz verkochen lassen.

Saure Rüben auf Wiener Art

500 g saure, gewaschene Rüben, Salz, Kümmel, 1 Selchknochen, 1 geschälter, in Scheiben geschnittener Apfel, 50 g Schinkenspeck, 20 g Mehl, 1 feingehackte Schalotte, 1 zerdrückte Knoblauchzehe, Kochsud, 3–4 Eßlöffel Sauerrahm

Die Rüben in Salzwasser mit Kümmel, Knochen und Apfel nicht zu weich kochen. Aus Speck und Mehl eine Einbrenn machen, Schalotte und Knoblauch darin anrösten. Mit Kochsud aufgießen und gut verkochen lassen. Die Rüben und den Rahm beifügen und aufkochen.

Spinat auf Wiener Art

500 g gewaschener Spinat, Salz, 40 g Schmalz, 30 g Mehl, 1/2 feingeschnittene Schalotte, 1 zerdrückte Knoblauchzehe, gehackte Petersilie, 1/2 l Kochsud oder Knochensuppe, Pfeffer, Muskatnuß

Den Spinat in Salzwasser kochen und passieren. Mehl in Schmalz anrösten, die Schalotte und den Knoblauch beigeben, durchrühren und aufgießen. Gut verkochen lassen. Dann den Spinat einrühren und würzen. Einmal aufkochen und sofort servieren.

»LITERARISCHES« VOM RINDFLEISCH

Rindfleisch als Muse?

Das gekochte Rindfleisch hat nicht nur Joseph Roth im *Radetzkymarsch* zu den im ersten Kapitel des vorliegenden Buches angeführten Zeilen animiert, die die Wertschätzung der Wienerinnen und Wiener für ihr Leibgericht vor Augen führen. Zahlreiche Poeten und Coupletdichter widmeten dem gekochten Rindfleisch mehr oder weniger lange Abhandlungen in Gedichtform – Beweis der ungemeinen Popularität des gekochten Rindfleisches im Wien des 19. Jahrhunderts. Doch nicht nur dem Rindfleisch gewidmete Verse finden sich; immer wieder wird das gekochte Rindfleisch, als *die* Wiener Speise auch in Lebenserinnerungen, Theaterstücken oder Liedern erwähnt. Allerdings muß man zu all diesen literarischen Äußerungen auf das Rindfleisch anmerken, daß sie streng genommen nicht immer den historischen Tatsachen entsprechen – wenn auch stets ein Körnchen Wahrheit dabei sein mag.

J. A. Lux verfaßte um 1900 unter dem Titel *Schuberts Lebenslied* eine Biographie des Tonkünstlers. Mit der Schilderung einer Mahlzeit im Gasthaus fing er auch die Atmosphäre der Mahlzeiten der Biedermeierzeit in Wien ein:

»Schon beim Mittagessen trifft Schubert den einen oder anderen im Gasthaus *Zur schwarzen Katze*, *Zur Schnecke, Zur Eiche*, beim *Roten* oder beim *Blauen Igel*, wo abwechselnd das bescheidene Mittagmahl eingenommen wird. Gleicht ein Beisel dem andern, der Fußboden ist voll Flecken und Schmier, der Kellnerfrack ist ebenso […] Es geht gemütlich her, der Wirt, der Zahlkellner, der Speisenträger, der Pinkerl schießen herum, Herr von Schubert hin, Herr von Schubert her, vier oder sechs Hände entreißen ihm Hut, Stock und Überrock, noch ehe der Ankömmling weiß, wie ihm geschieht, leiert ihn der Pikkolo an wie ein Ratschenbub und zählt alle Getränkesorten her, der Speisenträger memoriert die Speisenkarte: Fleckerlsuppe, Nudelsuppe, Kaiserschöberl – schönes Rindfleisch, Herr von Schubert, ein schwarzes Scherzel, ein Kavalierspitz, ein Kruspelspitz, nicht zu fett, ein bisserl unterspickt, Zwiebelsoße oder eingebrannte Erdäpfel dazu, oder rote Rüben, Schnittlauchsoße … Inzwischen wird von allen Seiten geschrien, dem einen geht die Bedienung zu langsam, dem andern, der seine Suppe noch nicht ausgelöffelt hat und schon das Rindfleisch kriegt, geht sie zu schnell, keiner ist zufrieden.«

Zur Zeit Schuberts war der *König von Ungarn* schon berühmt für seine Rindfleischküche. Ferdinand Schubert, der Bruder des Komponisten und Schulleiter in der Rossau, war dem Wiener Klassiker ebenfalls nicht abgeneigt:

»Seit acht ist er [Franz Schubert] fort, hieß es, zum Grafen Esterházy [...] Es ging dem Bruder Ferdinand so wie den anderen Freunden: die Stadt war mit einem Mal leer und stumm für sie, seit der Franz dahin war. Mit stiller Trauer bog Ferdinand in die Wollzeile ein, dann in die nahe Schulerstraße, die weniger lärmend war, und blieb vor dem Gasthof ›König von Ungarn‹ stehen. Es war knapp vor zwölf, also beschloß er, hier zu Mittag zu essen. Im Hof drinn war es schön zu sitzen unter den Efeuwänden und den Oleanderbäumen. Er zerschnitt ein saftiges Stück Rindfleisch, tunkte es in Semmelkren, die Küche war gut [...] Die Mittagsglocken von dem nahen St. Stephan tönten herüber [...] aber Ferdinand war in Gedanken bei seinem Rindfleisch ...« (aus *Schuberts Lebenslied*).

Um 1830 bereiste Carl Julius Weber Wien und lernte die kulinarischen Genüsse der Kaiserstadt kennen. Der 1767 in Württemberg geborene Schriftsteller hatte – wie alle Ausländer – seine liebe Not mit der Wiener Küchensprache. Er wunderte sich über Begriffe wie »Roßbratel« (gedämpftes Rindfleisch), »Green« (Meerrettich), »Umurkensoß« (Gurkensoße), »Kelch« (Kohl), »Fisolen« (Bohnen), »ungarisches Rebhendl« (Ochsenstelze in Aspik) etc. Weber hatte also auch mit den klassischen Beilagen des Wiener Rindfleisches seine Probleme.

Als Weber in Wien weilte, war ein Theaterlied sehr populär, das landläufig *Der alte Wiener Speiszettel* genannt und vermutlich von Josef Stranitzky gedichtet worden war. Es stammte aus dem Singspiel *Die Teufels-Mühle am Wienerberg* und zeigt die Sehnsucht der Wiener nach zahlreichen Köstlichkeiten. Auch kann man daraus erkennen, daß in Wien nicht ausschließlich gekochtes Rindfleisch verzehrt wurde:

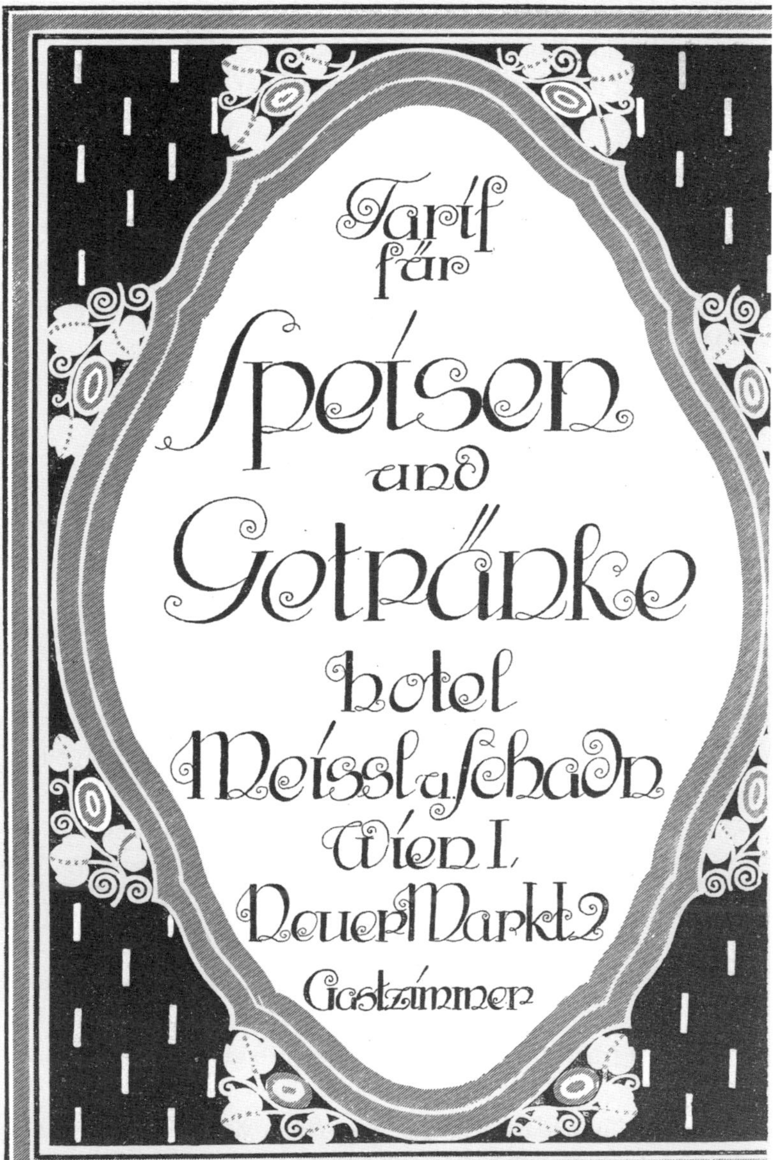

Speisekartenumschlag aus dem Meissl & Schadn um 1910

»Eine Suppe mit Fleckerl steht hier aufgeschrieben,
Ein Rindfleisch mit Semmelkren und rothen Rüben,
Ein Kraut mit Pofesen, ein Eingemachts mit Krebsen,
Gebratene Tauben, ein Ragout von Schöpsen,
Kapäuneln und Hühneln, gebratene Vögerl,
Ein guts Karmonadel,
Ein gfüllts Rostbradel,
Ein gschoppts Indianerl,
Ein schönes Fasanerl,
Gebackene Karpfen, gesottene Forellen,
Ein wälsches Salatel mit frischen Sardellen,
Pasteten mit Torten
Von allerley Sorten;
Das wär für euch wohl ein köstlicher Schmaus
Wär nur von all dem ein Bissen zu Haus!«

Im Jahr 1781 wurde Ignaz Franz Castelli in Wien geboren. Er studierte Jus und wurde, wie schon seine Vorfahren, braver Beamter. Er entwikkelte aber auch eine große Leidenschaft für das Theater und sammelte Altwiener Schnurren und Anekdoten. So schrieb er das kurze Stück *Das Komödienhaus*, in dem ein Theaterdirektor in einem Wiener Wirtshaus einen Darsteller für den »jungen Liebhaber« sucht. Mit Hilfe des Wirts wird er auch fündig:

»Wirt (auf den jungen Mann deutend): Dort sitzt so was.
Jüngling: Ich bin zu Ihren Diensten.
Direktor: Nun, das Wachstum ist nicht übel, da laßt sich was reden.... Hat der Herr einen schwarzen Frack?
Jüngling: Ja, einen schwarzen, diesen blauen und auch einen Überrock.
...
Direktor: Bravo! Ich sehe, das geht schon. Wenn der Herr also bei mir engagiert sein will, so muß ich ihm folgendes sagen: Er kriegt bei mir Mittagsmahl, Suppe, Rindfleisch und Zuspeis, zwei Gulden alle Wochen Gage ...«

Ledermappe aus dem Hotel Bristol um 1920

Zu den bekanntesten Literaten, die dem Rindfleisch huldigten, zählte wohl Josef Weinheber, der in seinem Wiener *Phäaken* am Beginn sowohl des Tellerfleisches als auch des Beinfleisches gedenkt:

»Ich hab' sonst nix, drum hab' ich gern
ein gutes Papperl, liebe Herrn:
Zum Gabelfrühstück gönn ich mir
ein Tellerfleisch, ein Krügerl Bier;
schieb an und ab ein Gollasch ein,
(kann freilich auch ein Bruckfleisch sein),
ein saftiges Beinfleisch, nicht zu fett,
sonst hat man zu Mittag sein Gfrett.«

Der berühmte Arzt und Dichter Arthur Schnitzler konnte in seinem Werk am Wiener Rindfleisch ebenfalls nicht vorbeigehen. Am Ende eines längeren Monologs vor einem Duell läßt Schnitzler *Leutnant Gustl* ziemlich brutal ausrufen: »Dich hau' ich zu Krenfleisch!«

Von einem anonymen Wiener Poeten des 19. Jahrhunderts stammt ein launiges gastronomisches Loblied, beinahe schon eine Ballade auf das Wiener Rindfleisch. Im gleichen Atemzug klagt er aber über die hohen Preise, die man in Wien zu jener Zeit dafür bezahlen mußte:

»Ramses, König der Ägypter,
Saß bei einem Freudenmahl
Mit den Großen seines Reiches,
Nah bei Suez dem Kanal:
Dalken speist er, weit von Böhmen,
Strudel gab's aus Breitenfurt,
Und Fasanen, weil der König
Ein Gourmand war, von Geburt.
Als die Tafel war zu Ende,
Runzelt Ramses seine Stirn,
Und man mußte augenblicklich
Seinen Leibkoch vor ihn führ'n.
›Warum?‹ also schreit der König,
Seinem Leibkoch ins Gesicht,
›Warum sah man heut' bei Tisch
Wienerisches Rindfleisch nicht?‹
Und den Leibkoch fasset Schrecken,
Zitternd fällt er auf die Knie:

›Hättest Du auch mehr des Geldes,
Wiener Rindfleisch zahlst Du nie!‹
›Lächerlich!‹ sagt da der König,
›Ich der reichste Mann der Welt
Soll nicht essen können Rindfleisch,
Wenn es also mir gefällt.
Holt mir den Finanzminister!‹
Dieser naht sich mit Entsetzen.
›Also gleich die Pyramiden
und den Apis zu versetzen!‹
›Für dies Geld, so hör', o Ramses‹,
Nun der Leibkoch wieder spricht,
›Krieg ich nur a Kilo Vord'res,
Mehr, o König, krieg ich nicht!‹
Doch da Ramses eigensinnig
Haben wollt sein Leibgericht,
Darum hat er ganz natürlich
Land und Volk zugrundgericht't.«

In einem alten Wiener Couplet werden ebenfalls die hohen Rindfleischpreise beklagt. Überdies wendet sich der Dichter der folgenden Zeilen gegen das »Zuwaagenunwesen«, das in Wien offenbar überhand nahm. Nicht umsonst hatte es sich der kaiserliche Hof – wie schon früher erwähnt – verbeten, daß das Fleisch vom Zuschrotter mit Zuwaage geliefert wurde.

»Das Rindfleisch steht sehr hoch im Preis,
Und immer steigt's in d'Höh,
Das Kilo kost't an Gulden schon,
Dös tuat an jeden weh.
Ja, – wann's a Kilo Fleisch no war,
Was auf die Wag' leger'n n'auf,
Als ›Zuawag‹ kriagt ma extra no
An ›Schippel Baner‹ d'rauf!«

Der launige Anonymus hatte mit seiner Klage nicht ganz so Unrecht. Im letzten Drittel des 19. Jahrhunderts waren die Rindfleischpreise tatsächlich stark gestiegen. Verantwortlich dafür war die starke Position der Agrarier in der Monarchie, vor allem der Ungarn. Dies bedingte relativ hohe Zölle gegenüber Rumänien und Serbien, den Hauptlieferanten von Fleisch für Österreich-Ungarn. Verstimmungen mit diesen auf Viehexport angewiesenen Balkanstaaten waren dadurch vorprogrammiert (»Schweinekrieg«!). Die Vertragszölle auf Ochsen stiegen zwischen 1878 und 1907 von 4 auf 60 (!) Kronen, auf Frischfleisch von 6 auf 30 Kronen. In der Zeit von 1900 bis 1910 verteuerte sich für den Konsumenten das »Vordere« um 42 Prozent, das »Hintere« um 35 Prozent. Gegen Importe von argentinischem Tiefkühlrindfleisch legten sich die Ungarn quer. Man munkelte von einem Geheimvertrag zwischen den Ungarn und dem Landwirtschaftsministerium, den sogar Kaiser Franz Joseph unterschrieben haben sollte. Jedenfalls kritisierte eine Gastronomiezeitung 1911 die Zustände: »Die Fleischpreise haben eine Höhe erreicht, daß man nachgerade schon berechtigt ist, von einer beginnenden Hungersnot zu sprechen, und zwar von einer durch Einfuhrverbot seitens der hohen Obrigkeit amtlich angeordneten, also einer *k. k. Hungersnot.*«

Ein ebenfalls unbekannt gebliebener Poet machte sich über die geringe Flexibilität mancher Wiener beim Essen in seinem kleinen Gedicht lustig:

»Denn was a Weaner is,
Der braucht ka Wildpret nett,
Der muaß a Rindfleisch ham,
Sonst is mit eam a G'frett,
Der will ka Soß tartar
Und a kan Karpfenfisch,
Der muaß a Rindfleisch seh'n
Am Mittagstisch.«

Auch der Humorist und Feuilletonist Eduard Pötzl (1851–1914) schrieb in *Rund um den Stephansdom* folgende Lobeshymne auf das gekochte Rindfleisch: »In den Fleischtöpfen Wiens wird das Wiener Rindfleisch zubereitet, das einzige, delikate, mürbe, geliebte, ersehnte, saftige, unübertreffliche, herrliche Wiener Rindfleisch.« Pötzl nahm sehr gerne seine Wiener Landsleute aufs Korn und zeigte ihre Schwächen auf. Eine davon war das »Raunzen« und Unzufriedensein mit allem und jedem:
»Am Nebentisch in dem recht anständigen Restaurant, wo ich mittag zu essen pflege, saß ein solcher Unhold [...] bestellte ein Tellerfleisch mit Essigkren und ein Achtel Weißwein [... Er] stocherte erst in dem Fleische und der Beigabe herum und befahl dann dem zurückgerufenen Kellner:

Rindfleischteller von Philipp Aigner mit Tafelspitz in der Mitte sowie Erdäpfeln, Rotkraut, Kohlsprossen, Schnittlauchsauce, Salzgurken, Suppengemüse und Preiselbeeren

›Wo is denn das Karaffindel?‹

›Sogleich bitte …‹

›Warten's! Und englischer und französischer Senf.‹

›Bitte sehr …‹

›Warten's! Und die Worcester-Soße.‹

›Im Moment bitte …‹

›Warten's, sag ich! Und die Paprikastreubüchse. Ja muß man denn in diesem Beisel alles extra verlangen? Halt! Den Zuckerstreuer bringen S' auch gleich mit für den Kren. So jetzt heben S' Ihnen.‹

Als diese Spezereien […] vor ihm standen, bereitete er sich daraus einen Teller voll ›Tunke‹ von einer Schärfe, daß sich mir die Haare sträubten […] Doch der scharfe Herr verschlang sein stark gewürztes Mahl mit vielem Behagen.«

Man konnte im alten Wien selbst auf diese Art sein Rindfleisch verspeisen und seine Mitbürger durch Verderben desselben in Schrecken versetzen. Pötzl nahm aber auch die allzu gründlichen Wiener Rindfleischesser aufs Korn, die meinten, sie verstünden alles besser als Wirt und Personal zusammen:

»Also bringen S' mir ein Tafelspitz, wenn er schön is. Warten S' aber ein bissel, laufen S' Ein'm nicht gleich davon, wenn man b'stellt. Daß S' mir ja nicht das Ortstückel vom Tafelspitz bringen, wo die viele Fetten d'ran is und ganz aus der Mitten mag ich 'n auch nicht, weil da der untere Theil immer zach is und trocken. So zwischen der Mitten und dem Ort lassen S' 'n herausschneiden und schauen S', daß mir keine Suppenfetten d'raufkommt; die kann ich auch nicht leid'n. Nur ein bissel klare Suppen soll d'raufkommen. Dazu können S' mir rothe Rüben bringen – viel Rüben und wenig Saft, gleich auf'n Teller, nicht auf'n Tazzerl, versteh'n S', und bei die rothen Rüben muß ein bisserl Kren liegen, aber ja nicht d'rüberg'streut, sondern in ein b'sondern Häuferl, sonst krieg'n S' zurück. Und vergessen S' den Zuckerstreuer nicht, weil mir das Zeug sonst zu scharf is.«

Der Wiener war offenbar in der Ochsenanatomie wirklich zu Hause und hatte auch seine ausgeprägten Vorlieben mit dem Servieren der Beilagen!

Rindfleisch als Bestandteil und fixer Gang eines Menüs war ein solcher Gemeinplatz geworden, daß auch Roda-Roda – bewußt oder unbewußt – ein gutbürgerliches Mittagessen in seine *Geschichten vom Balkan* aufnahm. Selbst in den äußersten Provinzen der Monarchie war gekochtes Rindfleisch von keinem bürgerlichen Mittagstisch wegzudenken. In der *Gans von Podwolotschyska* heißt es:

»[...] Podwolotschyska war der Grenzbahnhof der alten Kaisertümer Rußland und Österreich. Wer nach endloser Fahrt – einer Nacht, eines Tages und wieder einer Nacht von Wien – über Krakau – Przemysl – Lemberg in Podwolotschyska eintraf, er stürzte zunächst hungrig nach der Bahnhofswirtschaft. Und in der Bahnhofswirtschaft fand er zwei lange Tafeln gedeckt mit leckerdampfender Gemüsesuppe: auf der einen Tafel Borschtsch und auf der andern Schtschi ... Ein seigneuraler Oberkellner ging mit zweierlei Bons um, roten Bons und grünen Bons. ›Wünschen Sie, Panje, unser kleines Menu – zu vier Kronen – Suppe und Rindfleisch –, oder wünschen Sie, Panje, das große Menu, 6 K 50: Suppe, Rindfleisch, Gansbraten und Zibebenstrudel.‹ Jedermann wählte das große Menu, zahlte 6 Kronen 50, erhielt einen roten Bon [...] Allein, sowie das Rindfleisch gegessen war, entstand eine kleine Pause; ein Mann in Dienstmütze und Glocke erschien in der Tür, schwang mächtig die Glocke und rief mit Stentorstimme: ›Höchste Zeit zum Zug nach Kiew, Charkow, Moskau, Jekaterinoslaw, Odessa.‹ Das Volk sprang in Hui auf die Beine und hastete Hals über Kopf nach den Bahnwagen … So spielte sich die Szene tagtäglich ab – viele Jahre, in aller Ordnung – und nie, solange Habsburg in Podwolotschyska regierte, über 140 Jahre lang, hat ein sterblich Auge den Gansbraten gesehen – weil nämlich der Mann mit der Dienstmütze der Bahnhofswirt in Person war […]«

Die Wiener waren durchaus in der Lage, den Kult, den man in Wien mit dem Ochsenfleisch trieb, aber auch die Selbstgefälligkeit mancher Ober, aufs Korn zu nehmen. Der Satiriker Ferdinand Kürnberger kleidete seine Kritik in folgenden Dialog:

»›Zum Rindfleisch wäre Bertramsoße, kalte Schnittlauchsoße …‹ Jean beugte sich herablassend zum Ohr des Gastes – Jean, der Herr Ober, nach dem Regenten der Stadt Johann Strauß benannt – und servierte jedes Wort wie eine kostbare Delikatesse. Der Gast zuckte ungeduldig mit der Schulter, und über seiner dichten Braue wetterleuchtete es verdächtig: ›Schön, schön. Ich werde also zum Rindfleisch eine Portion Gansl mit Häuptelsalat essen.‹ Jean verbirgt seine Verachtung unter einem steinernen ›Sehr wohl‹. Doch es fällt ihm nicht ein, sein Zeremoniell zu ändern: ›Mehlspeise schon angeschafft? Reisauflauf, Dampfnudeln.‹ – ›Zur Mehlspeise nehme ich einen Hecht mit Sardellen.‹« Kürnberger liebte es, diese Szene zu erzählen, und fügte meist noch verschmitzt hinzu: Also verkehre ich in der k. k. Haupt- und Residenzstadt Wien seit dreißig Jahren mit meinen herzallerliebsten Krähwinklern.

Gyula Krúdy (1878–1933) entstammte einer ungarischen Adelsfamilie und gehörte mit über sechzig Romanen zu den herausragenden Literaten Ungarns im 20. Jahrhundert. Er befaßte sich literarisch auch mit kulinarischen Angelegenheiten. Bis Budapest hatte sich gegen Ende des 19. Jahrhunderts der Wiener Rindfleischkult ausgebreitet, echte Rindfleischfreunde waren sogar bereit, wegen ihres geliebten Fleischstücks einen Ortswechsel auf sich zu nehmen! In *Der Freund des Rindfleisches* beschreibt Krúdy die Allüren von Miklós Szemere, der die Küche des Budapester Hotels *Goldener Adler* zur Verzweiflung trieb:

»Im Obergeschoß des Hotels ›Zum Goldenen Adler‹ – einem zweistöckigen Gebäude in der einstigen Neue-Welt-Straße – knallte ein Pistolenschuß […] ›Miklós Szemere ist beim Scheibenschießen‹, sagte man in der Portierloge, wo es üblich ist, auf die Vorgänge im Hotel zu achten […] Ungefähr eine halbe Stunde später, nach dem entsprechenden Tagschlaf auf der Bettdecke, wurde vom Obergeschoß geläutet, woraufhin der Kellner in seinem alten Frack mit der handgeschriebenen

Speisekarte in der Hand [...] hinaufrannte [...] Es ist Mittagszeit, besagten die Uhren [...] der Kellner [...] kehrte mit der Nachricht zurück, der ›hochgeborene Herr‹ wünsche sein übliches Rindfleisch zu speisen. [...] Tatsächlich gab es wegen Herrn Szemeres Rindfleisch jeden Tag Krawall mit dem Fleischer, mit der Köchin und sogar mit der Wirtin (seitens des Wirtes). Einmal war Herrn Szemeres Rindfleisch zu fett, dann wieder hundserbärmlich mager, was den noblen Gast auf Stunden verärgerte. Es war das mindeste, daß er seine in Griffnähe liegende Pistole auf den Kellner richtete, wenn sich im Suppenfleisch Knochensplitter fanden [...] Wie aber mußte das Rindfleisch beschaffen sein, das den merkwürdigen Gast zufriedenstellen konnte? Der Weisheit des Gastwirts zufolge, mit der er seine Küche in Schutz nahm, hatte der betagte Fechtmeister Keresztesi einen großen Anteil daran, ob der Appetit zunahm oder abnahm. An den Tagen, wo die Fechtübung und Scheibenschießen ohne Fehl und Tadel verliefen, lobte der Meister seinen Schüler, und Herr Szemere fand wenig an dem Rindfleisch auszusetzen. Es gab Tage, an denen ihm kein einziger Primklingenschlag oder Traversanschlag gelang [...] Dann konnte die Küche nach dem Klingeln noch so ideales Rindfleisch hinaufschicken, es wurde stets mit der Bemerkung zurückgesandt, das möge zusammen mit seiner Sippschaft der ehrenwerte Herr Restaurateur selber fressen, dessen Vater auch schon eine Kneipe besessen habe, der also aus einer belasteten Familie stamme [...] Eines lebensmüden Tages dann, als das Mittagessen aus dem Fenster geflogen war, erschien bei Szemere im ›Goldenen Adler‹ ein guter Freund aus Wien. [...] Als der gute Freund aus Wien von dem mißlungenen Mittagessen erfuhr, sprach er zu Szemere: ›Bei uns ist im *Erzherzog Carl* eine große Veränderung eingetreten. Statt des alten Pächters hat ein neuer, ganz ausgezeichneter Pächter das Hotel übernommen, von dessen Küche schon die ganze Stadt spricht. Nach seinem Rindfleisch lecken sich die Leute alle zehn Finger.‹ – Mehr brauchte Herr Szemere nicht zu hören [...] Er packte seine Sachen zusammen und zog seinem unentbehrlichen Rindfleisch hinterher nach Wien, wo er im Alter von sechsundsechzig Jahren starb.«

Wie sehr die Wiener ihr Rindfleisch kannten und ihre »Spezialstückln« schätzten, kann man aus dem Text *Der Hofrat und das Beinfleisch* – einer Szene, die sich in einem Wiener Wirtshaus um 1900 abgespielt hat – deutlich ersehen:

»Die Macht des Schicksals hatte uns zwei zusammengeführt – den Leopold (Ober) und mich – den Franzl (Koch) (...)Wir hatten natürlich auch unsere Stammgäste, welche von Leopold besonders umhegt wurden, so mancher bekam taxfrei seinen Titel verpaßt [...] Hofrat Katzlitschek war auch einer unserer täglichen Gäste, ein netter, ruhiger Mensch, der wenig sprach – aber wenn er sich äußerte, dann treffend. Er hatte das Amt eines Schulwartes in der nächstliegenden Volks-Schule für Knaben und Mädchen. Den Hofratstitel hat er von Leopold verliehen bekommen – taxfrei, selbstverständlich. Eines Tages, das Mittagsgeschäft war vorüber, kommt Leopold in die Küche.

›Franzl, ein Beinfleisch!‹

›Aus.‹

›Für Hofrat Katzlitschek!‹

›Auch aus.‹

›Geh bitte, fabrizier eines.‹

›Gut, dauert etwas.‹

Ich schneide eine Portion gekochten Ried-Deckel Beinfleisch ähnlich zu und stecke ein Stück blanchierte Ochsenrippe durch, in der Rindsuppe aufgekocht, anrichten, kleingeschnittenes Suppengemüse obendrauf, etwas Suppe, grobes Salz, Schnittlauch – schön wie gemalen, ich bin stolz auf mein Werk, ein Druck auf den Klingelknopf – Leopold erscheint!

›Beinfleisch geht mit.‹

›Fein hast Du das gemacht, Franzl‹, lobt Leopold, geht ab mit dem Beinfleisch.

Nach einiger Zeit kam Leopold ganz aufgeregt zu mir: ›Denk Dir Franzl, solch eine Beleidigung, weißt' was der Hofrat jetzt zu mir g'sagt hat: das Beinfleisch war von euch zwa Ochsen!‹«

Selbst in den sechziger Jahren des 20. Jahrhunderts gedachte man noch nostalgisch der Wienerin, die so gut kochen konnte. Otto Stradal, der Schriftsteller, der nach dem Zweiten Weltkrieg versuchte, den Österreichern die landschaftlichen Schönheiten und die kultur-historischen Schätze ihres Landes wieder vor Augen zu führen, äußerte sich folgendermaßen über das gekochte Rindfleisch:

»Man glaube nun ja nicht, daß die Wienerin mit ihrer Vorliebe für die Köstlichkeiten der Mehlspeis' etwas weniger vom Braten, Schmoren und Rösten verstünde. Im Gegenteil! [...] Sie bekennt sich noch zu der schon in den Tagen Kaiser Karls VI. von jedem fremden Besucher Wiens bestaunten Kunst, aus einem Stück Rindfleisch siebzehn verschiedene delikate Speisen bereiten zu können. Die Wienerin weiß noch um die Geheimnisse der ›Palisade‹, des ›Rieddeckels‹, des ›schwar-

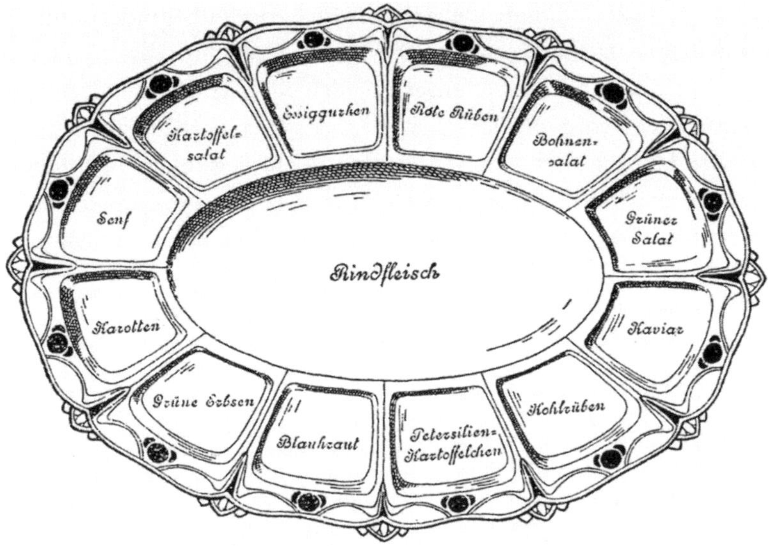

Gekochtes Rindfleisch, gedünstet.

Die Luxusvariante des Wiener Rindlfeischtellers mit zwölf Abteilungen für Beilagen: Senf, Erdäpfelsalat, Essiggurken, Rote Rüben, Bohnensalat, Grüner Salat, Kaviar, Kohlrüben, Petersilerdäpfel, Blaukraut, Grüne Erbsen und Karotten.

zen Scherzels‹, der Stücke ›vom Ort‹ oder ›vom Zapfen‹ [...] Sie kennt den ›Tafelspitz‹ ebenso wie den ›Kruspelspitz‹«.

Im Jahr 1984 erschien die *Ewigkeitsgasse* von Frederic Morton. Er beschrieb in diesem Roman die Geschichte vom Aufstieg des aus Ungarn stammenden jüdischen Handwerkers Berek Spiegelglas zum erfolgreichen Fabrikanten. In seiner ersten Zeit in Wien litt er noch unter Armut, wurde aber von seiner Verlobten Tamara so gut es ging mit Essen versorgt: »Einige Tage später sagte sie auf ihre behutsame und doch zugleich plötzliche Weise: ›Morgen werden auf dem Markt ungarische Hühner verkauft‹. ›Gut!‹ Fast hätte er ›Es wird auch langsam Zeit!‹ hinzugefügt, denn sie setzte ihm hauptsächlich Käse, Bohnen und Kartoffeln vor. Nur alle zwei Tage bekam er Fleisch, zwei dünne Scheiben gekochtes Rindfleisch [...] Wie sich herausstellte, hatte er gar keinen so großen Grund zur Freude [...] Als er nach der Arbeit zurückkam, umfing ihn der köstliche Duft von gekochtem Hühnerfleisch, aber was er vorgesetzt bekam, war gekochtes Rindfleisch, zwei dünne Scheiben. Das gleiche geschah an seinem nächsten ›Fleischtag‹. Kein Huhn. ›Ist mit den Hühnern etwas schiefgegangen?‹ fragte er. ›Manche Dinge brauchen Zeit, bis … bis man sie lernt.‹«

Im 19. Jahrhundert zählte Rindfleisch zur Alltagsspeise, die sich eben auch ärmere Leute leisten konnten. Huhn aber war etwas Besonderes, ein Festtagsbraten, den man nicht immer essen konnte und der als ehemalige »Herrenspeise« überaus begehrt war.

Daß gewisse Speisen Symbole für kulturelle Identität sind, bewies Thomas Bernhard in seinem Stück »Claus Peymann kauft sich eine Hose und geht mit mir essen«, in dem er den am Wiener Burgtheater als Direktor tätigen Claus Peymann folgendes sagen ließ:

> »Peymann: ›Dann essen wir mal Tafelspitz.‹
> (zur Kellnerin):
> ›Mal Rindsuppe mit Leberknödel
> dann Tafelspitz mit Semmelkren
> und dann noch ne Mehlspeise
> nehm wa doch Millirahmstrudel mit Vanilletunke.
> Eine gute Rindsuppe Bernhard
> die wünsche ich jetzt
> ist es heiß
> wünschen wir eine heiße Rindsuppe
> Österreich ist das beste Rindsuppenland
> nichts ist besser in Österreich
> als die Rindsuppe
> in keinem Land der Welt
> haben Sie eine bessere Rindsuppe Bernhard.‹«

Das gekochte Rindfleisch als Wiener Spezialität fand und findet also gemäß seiner großen Verbreitung und Beliebtheit bis heute Eingang in die Literatur – einmal durch Lob, dann durch die Auswüchse der »Monokultur« und des daraus entstehenden Spezialistentums, das für Außenstehende kaum nachvollziehbar war, immer aber die Allgegenwart dieser Speise dokumentierend.

SÄTTIGUNGSBEILAGEN

Der »gelernte« Österreicher schätzt bei Fleischspeisen nicht nur Gemüsebeilagen, sondern auch sogenannte »Sättigungsbeilagen«. Diese bestehen – je nach Gericht – in Erdäpfeln, Knödeln, Reis, Nudeln, Tarhonya etc. Bei gekochtem Rindfleisch ist diese Beilage meist eine Erdäpfelspeise. Sind die Erdäpfel *trocken* (z. B. Erdäpfelschmarren, Salzerdäpfel) reicht man sie zu Rindfleisch und Soßen. Bei Erdäpfeln mit einer eigenen Soße (eingebrannte Erdäpfel, Paradeiserdäpfel, etc.) gibt man bloß gekochtes Rindfleisch dazu.

Bouillonerdäpfel

a) 750 g geschälte, gewürfelte Erdäpfel, 175 g geschälte, gewürfelte Karotten, 150 g geschälte, gewürfelte Sellerie, gehackte Petersilie, etwas Liebstöckel, 10 g Butter, Rindsuppe, Salz

Erdäpfel und übrige Gemüse mit Suppe bedecken, salzen und weichkochen. Die gehackten Kräuter mit kalter Butter vermischen und unter die Erdäpfel heben.

b) 500 g geschälte, gewürfelte Erdäpfel, 40 g Butter, 1 feingehackte Schalotte, ca. 1/4 l Rindsuppe, Salz, Pfeffer

Die Schalotte mit Butter anschwitzen, die Erdäpfel dazugeben und mit Suppe aufgießen. Bedeckt ca. 15 Minuten garen, dann den Deckel abnehmen und die Flüssigkeit bei großer Hitze reduzieren. Mit Salz und Pfeffer würzen.

c) 750 g geschälte, in Scheiben geschnittene Erdäpfel, Salz, weißer Pfeffer, 1 Eßlöffel gehacktes Selleriegrün, 1 Eßlöffel feine Porreeringe, fette Rindsuppe, Schnittlauch

Die Erdäpfel mit einer Gabel grob zerdrücken und in eine Kasserolle geben. Mit Salz und Pfeffer bestreuen, Selleriegrün und Porree darüberstreuen. Mit soviel Suppe aufgießen, daß die Erdäpfel bedeckt sind.

Langsam weichkochen, bis die Erdäpfel zu zerfallen beginnen. Mit Schnittlauch bestreut servieren.

Eingebrannte Erdäpfel

750 g gekochte, blättrig geschnittene Erdäpfel, 60 g Schmalz, 40 g Mehl, 1/2 l Rindsuppe, 1/2 Lorbeerblatt, etwas Thymian, Salz, Pfeffer, 3 feinblättrig geschnittene Essiggurkerln

Aus Schmalz und Mehl eine Einbrenn bereiten. Mit Suppe aufgießen und die Gewürze beigeben. Gut verkochen lassen, danach die Erdäpfel hineingeben und nochmals aufkochen. Die Gurkerln dazurühren und abschmecken.

Erdäpfellaibchen

750 g gekochte, geschälte Erdäpfel, 150 g feingewürfelter Speck, 1 feingehackte Zwiebel, gehackte Petersilie, Salz, 1 bis 2 Eier, Semmelbrösel, Fett zum Ausbacken

Die Erdäpfel passieren. Speck und Zwiebel anrösten und unter die Erdäpfel mischen. Salzen und mit Ei verrühren. Kleine, flache Laibchen formen, in Bröseln wenden und in einer Pfanne goldgelb backen. Auf Papier abtropfen lassen.

Erdäpfelpüree

500 g geschälte Erdäpfel, Salz, Butter, Obers

Die Erdäpfel in Salzwasser sehr weich kochen. Abgießen und mit Butter und Obers pürieren. Mit Salz abschmecken. Dazu serviert man in Butter braun geröstete Zwiebelringe.

Erdäpfelschmarren

750 g in der Schale gekochte Erdäpfel, Butter oder Schmalz, Salz, 1 feingehackte Zwiebel

Die Erdäpfel schälen, in Scheiben schneiden und mit den in Butter angerösteten Zwiebeln unter öfterem (vorsichtigem) Wenden braten. Salzen. In der traditionellen Wiener Küche wird der Erdäpfelschmarren mit Schweineschmalz zubereitet.

Erdäpfelsterz

750 g geschälte, geviertelte Erdäpfel, 350 g Mehl, 20 g Schmalz, Salz, Backfett

Erdäpfel in Salzwasser halbweich kochen, Mehl und Schmalz dazugeben und den sich bildenden Knödel 25 Minuten zugedeckt kochen. Das halbe Wasser abgießen, die Masse sehr gut verrühren und salzen. In einer Bratpfanne bodenbedeckt Fett heiß werden lassen, die Masse hineingeben und im Rohr ausdünsten lassen.

Geröstete Erdäpfel

600 g gekochte, geschälte, kalte Erdäpfel, 100 g feingeschnittene Zwiebeln, 2 Eßlöffel Butter, etwas gemahlener Kümmel, Salz, Pfeffer, Muskatnuß, gehackte Petersilie

Die Zwiebeln in Butter leicht bräunen. Die in dünne Scheiben geschnittenen Erdäpfel dazugeben, würzen und knusprig braten. Beim Anrichten mit Petersilie bestreuen.

Grammelschmarren

750 g in der Schale gekochte Erdäpfel, 150 g frische Grammeln, wenig Schmalz oder Butter, Salz

Die geschälten Erdäpfel in Scheiben schneiden, in Fett rösten, die Grammeln darunterrühren und salzen.

Majoranerdäpfel

40 g Butter, 30 g Mehl, 1 Eßlöffel feingehackte Zwiebel, gehackte Petersilie, eine starke Prise Majoran, 1 zerdrückte Knoblauchzehe, Salz, Pfeffer, Muskatnuß, 3/4 l Suppe, 750 g gekochte, geschälte und blättrig geschnittene Erdäpfel

Aus Butter und Mehl eine Einbrenn machen, Zwiebel und Petersilie mitrösten. Würzen und mit Suppe aufgießen. Zu einer Soße verkochen. Dann die Erdäpfel dazugeben und kurz kochen lassen.

Majoran-Walnuß-Erdäpfel

750 g kleine Erdäpfel, Salz, 2 Zweige Majoran, 50 g gehackte Walnußkerne, etwas Öl

Die geschälten Erdäpfel mit dem Majoran in Salzwasser weichkochen. Abgießen, den Majoran entfernen und die Erdäpfel ausdampfen lassen. Die Nüsse in etwas Öl anrösten und mit den Erdäpfeln vermischen.

Paradeiserdäpfel

1/2 l pikant abgeschmeckte Paradeissoße, 750 g gekochte, blättrig geschnittene Erdäpfel

Man gibt die Erdäpfel in die heiße Paradeissoße und läßt alles gut verkochen. Eventuell mit Salz abschmecken.

Petersilerdäpfel

Rezept Salzerdäpfel (siehe Rezept am Ende der Seite), aber ohne Kümmel, 80 g Butter, gehackte Petersilie

Die ausgedampften Erdäpfel in Butter schwenken und mit Petersilie vermischen.

Rösterdäpfel

750 g in der Schale gekochte, kalte Erdäpfel, 1 feingeschnittene Zwiebel, Butter oder Schmalz, Salz

Die Erdäpfel schälen und mit dem Reibeisen grob reißen. Die Zwiebel in Fett nach Geschmack andünsten oder braun rösten. Die Erdäpfel dazugeben und weiterbraten. Mit Salz abschmecken.

Salzerdäpfel

500 g geschälte, in Viertel geschnittene Erdäpfel, Kümmel, Salz

Die Erdäpfel in Salzwasser mit etwas Kümmel weichkochen. Das Wasser abgießen und den Topf mit den Erdäpfeln noch etwas ausdampfen lassen, damit die Erdäpfel trocken werden.

Schnittlaucherdäpfel

500 g kleine, geschälte Erdäpfel, 50 g Butter, Salz, Schnittlauch

Die Erdäpfel in Salzwasser weichkochen. In zerlassener Butter schwenken, mit viel Schnittlauch vermischen und eventuell nachsalzen.

Stürzerdäpfel

a) 750 g in der Schale gekochte Erdäpfel, Butter, Salz

Die Erdäpfel schälen und grob reißen. In Portionspfännchen Butter heiß werden lassen, die Erdäpfel salzen, hineinpressen und bräunen. Ein Mal wenden und auf Teller stürzen.

b) 750 g in der Schale gekochte Erdäpfel, 40 g Schweineschmalz, 1 feingehackte Zwiebel, Salz, Semmelbrösel

Die geschälten Erdäpfel grob reißen und salzen. Zwiebel in Schmalz glasig werden lassen und unter die Erdäpfel rühren. Eine Pfanne mit Schmalz auspinseln und mit Bröseln bestreuen. Die Erdäpfelmasse hineindrücken und einige Zeit am Herd Farbe nehmen lassen. Stürzen und in Tortenstücke schneiden.

Zwiebelerdäpfel

500 g gekochte sowie geschälte Erdäpfel, 1 feingeschnittene Zwiebel, 50 g Schmalz, Salz

Die Zwiebel in Schmalz ganz dunkel anlaufen lassen. Die noch heißen Erdäpfel in Scheiben schneiden und unter die Zwiebeln mischen. Salzen.

ANHANG

In seinem Aufsatz *Rund um das gekochte Wiener Rindfleisch* aus den 1960er Jahren brach der Koch Josef Knott, der auch Präsident des *Verbands der Köche Österreichs* (gegründet 1902) war, für die Urwiener Mittagsspeise eine Lanze. Er berichtete von seiner Zeit als junger Koch (vor dem Ersten Weltkrieg) im Restaurant Schneider am Wiener Südbahnhof: »Vor dem Mittagsgeschäft kamen die Speisenträger in die Küche und jeder reservierte für seine Stammgäste die verschiedenen Rindfleisch-Gustostückerln. Um es praktisch zu machen, ließ ich von jedem einen Zettel schreiben, um keinen Durcheinander zu bekommen [...] Da nun die verschiedenen Fleischsorten ungleich weich werden, ist darauf zu achten, daß weichere Stücke früher herausgenommen werden, denn ein zu weiches Stück ist kein Genuß [...] Als junger Koch im Restaurant Schneider am Südbahnhof hatte ich unter anderem die Aufgabe, die warmen Rindfleischsoßen herzustellen, unter 14 Tagen durfte sich keine wiederholen, von manchen hört man selten, darum will ich sie in Erinnerung bringen: Milzsoß, Nierndlsoß, Semmelkren, Oberskren, Mandelkren, Gurkensoß, Zwiebelsoß, Kapernsoß, Sardellensoß, Pilzlingsoß, Bertramsoß, Dillsoß, Paradaissoß, Sauerampfersoß, Kürbissoß ...«
Aus Knotts Ausführungen geht auch hervor, daß im alten Wien alle Rindfleisch-Gustostückerln im selben Topf gekocht wurden – man kann sich die Qualität der damaligen Rindsuppe lebhaft vorstellen!

Um den Wienern *ihr* Rindfleisch wieder nahezubringen und um zu erläutern, was Herr Knott mit dem Reservieren von Gustostückerln für die Gäste meinte, brachte die *Gastronomie Österreichs*, das Organ des *Verbands der Köche*, 1967 die Fleischteilung in Erinnerung:

»Nach der Wiener Fleischteilung haben wir folgende Teile:
1. Kopf mit Zahnfleisch und dem Backenknochen sowie dem Ochsenmaul
2. Das Genick, Tristel genannt
3. Vorderer Teil
4. Mittlerer Teil

Anschließend daran den Spitz:
5. dünner Spitz
6. mittlerer Spitz
7. Kruspelspitz
8. vorderes Ausgelöstes
9. hinteres Ausgelöstes
10. das Beinfleisch vom Spitz (richtiges Beinfleisch)

Unmittelbar darüber liegt die Schulter:
11. das Schulterblattel
12. das Schulterscherzel
13. der Schulteranschnitt
14. der Schulterkern
15. mageres Meisel
16. dickes Meisel
17. Wadschunken
18. Bugschnitzel

Die Brust:
19. Brustkern
20. Bärenfleisch
21. dickes Kügerl
22. mittleres Kügerl
23. dünnes Kügerl

Riedhüfel:
24. Riedhüfel
25. mittleres Riedhüfel
26. Palisade mit den Rippen (Beinfleisch)
27. Rostbratenanschnitt
29. Mittelstück, Entrecôte
30. Beiried
31. Lungenbraten
32. Lungenbratenspitz
33. Lungenbratenmittelstück
34. Lungenbratenzapfen

Knöpfel:
35. Hieferschwanzel
36. Hieferscherzel
37. Tafelstück
38 Tafelspitz
39. weißes Scherzel
40. Zapfen

Ortsschwanzel:
41. Fledermaus oder Schallplattel
42. Ortsschwanzelanschnitt
43. schwarzes Scherzel
44. Beinscherzel
45. hinterer Wadschunken
46. Geschnattes
47. Nudel

Ochsenschlepp:
48. dicker Ochsenschlepp
49. mittlerer Ochsenschlepp
50. dünner Ochsenschlepp«

Herr Knott zählte hier alle Möglichkeiten auf, das Rind zu zerlegen, und alle Spezialstücke. Die Fleischstücke sind in damaliger Originalschreibweise angeführt. Der größere Teil der angeführten Stücke konnte »echt wienerisch« gekocht werden.

GLOSSAR

Abschöpffett	das von der Suppe abgeschöpfte Fett, das sich beim Kochen aus Fleisch und Knochen abgesetzt hat
Abtrieb	gerührte Mischung
Agres	Stachelbeere
Arbes	Erbsen
bemehlen	mit Mehl bestreuen
Bertram	Estragon
blanchieren	kurz in kochendes Wasser geben
Brösel	Paniermehl
Cornichon	kleine scharfe Pfeffergurke
Dille	Dill
Eidotter	Eigelb
Einbrenn	braune Mehlschwitze
Eingemachtes	mit Einmach (heller Mehlschwitze) gebundenes Gemüse oder Fleisch
Einmach	helle Mehlschwitze
Erdapfel	Kartoffel
Etamin	Suppenpassiertuch aus ganz feinem Leinen
Fasch	feingehackte Fleischfüllung, Haschee
Fleischhauer	Metzger
Fisole	grüne Bohne
Frittaten	Pfannkuchenstreifen
Grammel	Griebe
Graupen	Rollgerste
gelbe Rübe	Möhre
Hend(e)l	Huhn
Julienne	in feine Streifen geschnittenes Gemüse
Kapaun	junger Masthahn
Karotte	Goldrübe, Möhre
Klar	Eiweiß
Knödel	Kloß
Knöpfl	das Fleisch vom Ochsen, welches durch die Spaltung des Rückgrats gewonnen wird
Kohl	Wirsing

Kraut	Weißkohl
Kren	Meerrettich
Lot	175 Gramm
Mayonnaise	Dotter-Ölsoße (3 Dotter verrührt man mit Salz zu einer festen Masse, dann nach und nach 1 1/2 Achtel Liter Öl einrühren, mit Salz, weißem Pfeffer, Zitronensaft und Essig abschmecken)
Model	Backform
Neugewürz	Piment
Nockerln	Spätzle
Obers	Sahne
Ochsenschlepp	Ochsenschwanz
Palatschinken	dünne Pfannkuchen
panieren	in Mehl, verquirltem Ei und Semmelbröseln (Paniermehl) wenden
Paradeiser	Tomate
passieren	durch ein Sieb streichen
Pfanzel	in einem Model gebackene Masse
Pfund	560 Gramm
Pofesen	gefüllte Semmelschnitten
Porree	Lauch
Rahm	saure Sahne
Relevéspeise	Zwischengericht
Rohr	Backofen
rote Rübe	rote Bete
Sago	Verdickungsmittel aus Stärke
Salamander	Gerät mit Oberhitze zum Gratinieren
Salpicon	feines Ragoût
Sauce	der französische Ausdruck bezeichnet solche, die auf *Grundsaucenbasis* hergestellt werden. Die altösterreichischen Kochbücher unterscheiden sie von den eigenständigen durch die Schreibweise: *Soßen*. Dazu meinte Maier-Bruck: »*Soßen:* Wortklang und Wortbild sind sanft-mollig, samten, lind und voll, wie es sich eben eine Sauce wünscht.«

Schmarren	eine Mehlspeise aus Semmeln und Kipfeln, mit Eierzugabe; auch geröstete Kartoffeln
Schöps	kastriertes Schaf
Schwammerl	Pilz
Semmel	kleines Brötchen, Weißbrötchen
Semmelbrösel	Paniermehl
Semmelwürfel	Knödelbrot
Service à la française	eine unter König Ludwig XIV. von Frankreich in Mode gekommene Art des Servierens. Bestimmte Gerichte wurden jeweils zu einer »Tracht« zusammengefaßt, auf Schüsseln, in Kasserollen und Terrinen angerichtet und gleichzeitig auf die Tafel gestellt.
Service à la russe	Platten- oder Tellerservice. Die Gerichte einer Mahlzeit werden den Gästen nacheinander serviert.
Suppenwürfel	gekörnte Brühe
Tapioka	Stärkemehl aus der Wurzelknolle des Manioks
Tarhonya	ungarische Beilage bzw. Suppeneinlage, bestehend aus getrocknetem, zerbröselten Nudelteig
Tracht	von »tragen« aus der Küche
Umurken	Gurken
Wadschunken	Fleisch von der Rindswade
Wandel	kleine Wanne, kleine Form aus Metall, welche dem darin bereiteten Gericht seinen Namen gibt
Wechselspeise	Speise, die während des Service à la française auf den Tisch gestellt wurde, während man die Trachten auswechselte
Weitling	Rührschüssel aus Metall oder Steingut
Wruken	Rüben, Kohlrabi
Wurzelwerk	Suppengemüse (Goldrübe, Sellerie, Petersilie, Lauch)
Zugemüse	Gemüse als Beilage
Zuspeise	Beilage

QUELLEN

Haus-, Hof- und Staatsarchiv, Wien

ÄZA K 39 1739/40

HWA 1817 (26, 80/4); 1824 (26); 1823; 1835 (24); 1836; 1859 (Feldzug Italien); 1867 (Krönungsakten)

HWA 246 (Prag 1903–1912); 297 (Feldzug 1914), 1824, 1859

HWA Diarium 1913

HWA SR 48 (Menage 1898)

NZA 1857, 11/97

OMeA 1743, 1810

OMeA 65/I/II/i, 1860; 65/I.M./10, 1906

OMeA K4, 1679; K 6 1683–1685, K 56

OMeA Prot. 21 (1751/52)

OMeA SR 74/9; 74/21; 368

Hofkammerarchiv, Wien

NÖHA W-61/A/45, Instruktion vom 13. Oktober 1668

Küchenamtsakten aus den Archiven der Fürsten Auersperg, der Fürsten Esterházy, der Grafen Herberstein

Persönliche Gespräche der Autorin mit:

Hans Eckel

Küchenchef Prof. Ernst Faseth

Pedro Masana

Ewald Plachutta

Werner Renner

Herrmann Richetzky

Hermine und Michael Weisshappel

Literatur

Alexis, Willibald, Wiener Bilder, Leipzig 1833

Allgemeine Gastgewerbezeitung, Wien 1904 und 1910/11, 1912

Anthus, Antonius, Vorlesungen über Esskunst, Leipzig 1881

Bakos, Eva, Koref, Christiane, Wo ißt man gut in Wien?, Wien 1968

Bauer, Anna, Die praktische süddeutsche Köchin, Wien 1897

Bergmann, Anna, Wiener Küche, Wien 1889

Bernecker, Paul, Rumpold, Alois, Servierkunde, Wien 1936

Bewehrtes Kochbuch, Wien o. J. (um 1765)

Bewehrtes Koch-Buch […], Wien o. J. (um 1768)

Braunin, Katharina, Neuestes, bewährtes Kochbuch, Wien 1799

Brillat-Savarin, Jean Anthelme, Physiologie des Geschmacks, Braunschweig 1865

Bußwald, Anna Maria, Allerneuestes Kochbuch für Fleisch- und Fasttäge, Graz 1807

Das Buch der Kochkunst, Offizielles Kochbuch des Verbandes der Köche Österreichs, Wien o. J. (1933)

Das Moderne Hotel, Wien 1929
Castelli, Ignaz Franz, Memoiren meines Lebens, Bregenz o. J. (um 1940?)
Dînerbuch von Küchenchef Haenlein, Mundkoch von Erzherzog Johann Salvator, um 1880 (Privatbesitz)
Dobos, Joseph C., Curiosa der Küche, Budapest 1909
Dorizio, Sybilla, Kochbuch für große und kleinere Tafeln, Graz 1816
Dorn, Anna, Oesterreichisches Musterkochbuch, Wien 1886
Drubele, Anna, Die junge Hausfrau, Prag o. J. (um 1900?)
Duthrie, William, A Tramp's Wallet, London 1858
Ehalt, Hubert C. (Hg.), Wiener Beiseln, Wien 1985
Fodermayer, Egon, Mein Leben mit den 3 Husaren, Tulln 1985
Fröhlich, Elise, Die Siebenbürgische Küche, Wien 1904
Fruhmann, Gustav, Im Frack um die Welt, Leipzig 1937
Gartler, Ignaz, Hikmann, Barbara, Wienerisches bewährtes Kochbuch, Wien 1810
Gasterea, Wien 1889
Das Gastgewerbe, Wien 1937
Der Gastronom, Wien 1923, 1924/25, 1931, 1933, 1937, 1942
Die Gastwirthschaft, Wien 1897–1914
Georgica Curiosa Aucta, [...], Augsburg 1719
Gerold-Sauerländer, Bertha, Kochrecepte, Wien 1897
Gollmer, Richard, Vornehme Gastlichkeit der Neuzeit, Leipzig 1913
Grätzerisches [...] Kochbuch, Graz 1804
Guglia, Eugen, Wien, Ein Führer, Wien 1908
Habs / Rosner, Appetit-Lexikon oder alphabetisch geordnetes Auskunftsbuch über alle Speisen und Getränke [...], Wien 1830
Hamann, Brigitte (Hg.), Meine liebe, gute Freundin! Die Briefe Kaiser Franz Josephs an Katharina Schratt, Wien 1992
Hampel, Friedrich, Deutsche und österreichische Küche, Wien 1915
Hampel, Friedrich, Kochrezepte Bd. IV, Fleischspeisen, Wien 1926
Harbich, Patrizia, Das »Wienerisch bewährte Kochbuch« von 1772, phil. Diss., Graz 1989
Haslinger, Ingrid, Tafeln wie ein Kaiser, Wien 1998
Heitz, J. M., Die Wiener Bürger-Küche, Wien 1902
Herre, Franz, Der vollkommene Feinschmecker, Wien 1977
Hess, Adolf und Olga, Wiener Küche, Wien 1913
Hess, Adolf und Olga, Wiener Küche, Wien 1935
Hinterer, Betty, Grabnerhof-Kochbuch für Stadt und Land, Graz 1950
Hmelak, Giuseppe, Italienisches Koch-Buch, Graz o. J. (um 1890?)
Hofbauer, Anna, Wiener Kochbuch, Wien 1825
Hundsbichler, Helmut, Reise, Gastlichkeit und Nahrung im Spiegel der Reisetagebücher des Paolo Santonino (1485–1487), phil. diss., Wien 1979
Illustrierte Wiener Küchenzeitung, Wien 1890, 1904–07
Kaps, Hans, Memoiren eines Hoteliers-Sohnes, Wien 1970
Kauders, Marie, Vollständiges israelitisches Kochbuch, Prag 1918
Kernhofer, Christa (Hg.), Frau und Mutter-Kochbuch, Wien 1947
Kieslinger, Emilie, Wiener Familienküche, Reutlingen o. J. (um 1900)
Klett, Andreas, Neu Vermehrt-Nützliches Trenchier-Buch, Jena um 1657, Faksimilie 1717
Kofranek, Albert, Gute Wiener Küche, 2.000 Rezepte und Spezialitäten, Wien 1950
Kövér, Anna, Geprüftes Musterkochbuch der ungarischen Küche, Pest und Wien 1862

Krúdy, Gyula, Schlemmergeschichten, Berlin 1982 (Neuauflage)
Küche und Keller, Zentralorgan für das Hotel- und Gastwirths-Gewerbe, Hamburg, 1905, Nr. 11
Kurier, Wien 21. April 1979
Kurtzer Unterricht, in welchen Unterschiedene Speisen gut zuzubereiten beschrieben seynd, Wien 1736
Leitich, Ann Tizia, Damals in Wien, Wien o.J.
Leitner, Franziska, Neuestes bürgerliches Kochbuch, Wien 1888
Maier-Bruck, Franz, Das Große Sacher Kochbuch, Herrsching 1975
Magenschab, Christiane, K & K Kulinarium, Wien 1991
Marperger, Paul Jacob, Vollständiges Küchen- und Keller-Dictionarium, Hamburg 1716 (Facs. München 1978)
Mauer, August, Illustrirtes Wiener Kochbuch. Ausschließlich berechnet für die feinste Küche und den vornehmsten Haushalt, Wien 1885
Mauthe, Jörg, Belieben zu speisen?, Wien 1963
Meissner, Sophie, Modernes Kochbuch, Wien o. J. (um 1900)
Menubuch aus einem adeligen Haushalt, 1893 (Privatbesitz)
Menubuch von Kaiser Franz Joseph, Schönbrunn 1913/14 (Privatbesitz)
Neues und bewährtes Kochbuch, Linz 1827
Neunteufel, Eric, et al. (Hg.), Ochsenschlepp, Wien 1999
Niederleuthner, Anna, Speisen mit Kaiserin Sissi, Historisches Kochbuch geschrieben zu Passau im Jahre 1862, Waldkirchen 1996
Nostitz-Rieneck, Georg, Briefe Kaiser Franz Josephs an Kaiserin Elisabeth, Bd. 1, Wien 1966
Österreichische Gastgewerbe Zeitung, Wien 1947
Österreichische Küchenzeitung, 1906/07, 1910–13
Ozebec, Annelies, Terminologie der Küche, Dipl. A., Klagenfurt 1997
Plakolb, Ludwig, Kaiserschmarrn und Tafelspitz, Stuttgart 1965
Pötzl, Eduard, Wiener Skizzen aus der Vaterstadt, Wien 1904
Prato, Katharina, Die süddeutsche Küche, Graz 1878
Probstin, Franziska, Praktisches Urfahr Linzer Kochbuch, Linz 1837
Richter, Josef, Die Eipeldauerbriefe, hrsg. von Eugen von Pannel, München 1917
Rindler, M. Johanna, Mein großes Kochbuch, Wien 1955
Rösch, Rudolf, So kocht man in Wien, München 1939
Rokitansky, Marie von, Die österreichische Küche, Wien 1898
Rottenhöfer, Johann, Die gute Bürgerküche, München o. J. (um 1870)
Rottenhöfer, Johann, Neue und vollständige theoretisch-praktische Anweisung in der feineren Kochkunst, München o. J. (um 1865)
Ruhm, Franz, Kochbuch für Alle, Wien o. J. (um 1933)
Satzungen für Fleisch-, Gebäck- und Mehlpreise, 1812–1855, Sammlung von Zeitungsausschnitten, Wiener Stadt- und Landesbibliothek
Saint-Hilaire, Josephine, Die wahre Kochkunst oder neuestes geprüftes und vollständiges Pesther Kochbuch [...] Von einer in der Kochkunst wohlerfahrenen Frau, Pest 1835
Salomon, Leopold, Geschichte des Wiener Gastgewerbes und seiner Vorsteher, Wien 1999
Schubertiade, Wiener Literarische Anstalt, o. J.
Seeliger, Emil, Hotel Sacher in Wien, Berlin 1931
Siebeck, Wolfram, Die Beisln von Wien, München 1995
Sinhuber, Bartel F., Zu Gast im alten Wien, München 1989

Spindler, Franz et al., Fachkunde im Fleischhauer- und Fleischselchergewerbe, Wien 1931
Steinbrecher, Maria Anna, Vollständiges Kochbuch, Wien 1823
Stradal, Otto, So kocht nur eine Wienerin, Mit 35 Rezepten von Franz Ruhm, Wien 1963
Strobl, Anna, Die praktische Wiener Küche, Wien o. J. (um 1880)
Teuber, Carl, Reich, Margaretha, Erstes Nationalkochbuch, Wien 1837
Tosetto, Lucie, Elite Kochbuch für Stadt und Land, Gmunden 1949
Wagner, Christoph, Das Lexikon der Wiener Küche, Wien 1996
Wechsberg, Joseph, Forelle blau und schwarze Trüffeln, Hamburg 1964
Wechsberg, Joseph, Die Küche im Wiener Kaiserreich, Stuttgart 1969
Weyer, Siegfried, Wien – eine Stadt erzählt, Wien 1984
Weyrich, Edgar (Hg.), Alt-Wien, Wien 1927
Wiener Beisl, Wien 1979
Wiener Küche (Hg. Franz Ruhm), Wien 1931
Wiener Küchenzeitung, Wien 1889–93
Der Wienerische Mundkoch, Wien 1789
Wieserin, Marianne, Neues, selbst verfaßtes Kochbuch, Wien 1796
Wördehoff, Bernhard, Sage mir, Muse, vom Schmause […], Darmstadt 2000
Zedler, Johann Heinrich, Grosses vollständiges Universal-Lexikon aller Wissenschaften und Künste […] zwey und zwantzigster Band, Leipzig und Halle 1739–42
Zelena, Franz, Allerneuestes Österreichisches Kochbuch, Wien 1828
Zenker, F. G., Anleitung zur feineren Kochkunst, Wien 1843
Zenker, F. G., Die Küche des wohlhabenden Wieners, Wien 1846
Zenker, F. G., Nicht mehr als sechs Schüsseln!, Wien 1820
Ziegenbein, Hans, Eckel, Julius, Was koche ich heute?, Wien 1933

BILDNACHWEIS

AS, Archiv Hotel Sacher, Wien
StA, Stefan Asenbaum, Wien
HE, Hans Eckel, Wien
IH, Ingrid Haslinger, Deutsch-Wagram
RK, Roman Keller, Wien
MMD, Museen des Mobiliendepots, Wien
WR, Werner Renner, Wien
FKR, Franz Karl Ruhm, Purkersdorf
HS, Harald Schmid, Lilienfeld
KvU, König von Ungarn, Wien
MW, Michael Weisshappel, Wien
WStLB, Wiener Stadt- und Landesbibliothek

REZEPTVERZEICHNIS

Rindfleisch

Warme Soßen

Kalte Soßen

Gemüse

Sättigungsbeilagen

DIE AUTORIN

Ingrid Haslinger ist Historikerin, Anglistin und Kochbuchautorin. Sie publizierte u. a. »Tafeln mit Sisi«, »Gulasch, eine Kulturgeschichte« und »Von Suppen und Terrinen – die Aufsehen erregende Karriere von Speise und Gerät«.

Im Mandelbaum Verlag erschien von ihr:

– Es möge Erdäpfel regnen - Eine Kulturgeschichte der Kartoffel. Mit 170 Rezepten
– Kloster-Kulinarium - Aus der Stiftsküche der Lilienfelder Zisterzienser,
– Dampf stieg aus dem Topf hervor - Eine Kulturgeschichte der Suppen aus aller Welt.